E. T. A. HOFFMANN

DER SANDMANN
DAS ÖDE HAUS

Nachtstücke

HAMBURGER LESEHEFTE VERLAG
HUSUM/NORDSEE

DER SANDMANN

Nathanael an Lothar

Gewiss seid ihr alle voll Unruhe, dass ich so lange – lange nicht geschrieben. Mutter zürnt wohl, und Clara mag glauben, ich lebe hier in Saus und Braus und vergesse mein holdes Engelsbild, so tief mir in Herz und Sinn eingeprägt, ganz und gar. – Dem ist aber nicht so; täglich und stündlich gedenke ich eurer aller, und in süßen Träumen geht meines holden Klärchens freundliche Gestalt vorüber und lächelt mich mit ihren hellen Augen so anmutig an, wie sie wohl pflegte, wenn ich zu euch hineintrat. – Ach, wie vermochte ich denn euch zu schreiben in der zerrissenen Stimmung des Geistes, die mir bisher alle Gedanken verstörte! – Etwas Entsetzliches ist in mein Leben getreten! – Dunkle Ahnungen eines grässlichen mir drohenden Geschicks breiten sich wie schwarze Wolkenschatten über mich aus, undurchdringlich jedem freundlichen Sonnenstrahl. – Nun soll ich dir sagen, was mir widerfuhr. Ich muss es, das sehe ich ein, aber nur es denkend, lacht es wie toll aus mir heraus. – Ach mein herzlieber Lothar! wie fange ich es denn an, dich nur einigermaßen empfinden zu lassen, dass das, was mir vor einigen Tagen geschah, denn wirklich mein Leben so feindlich zerstören konnte! Wärst du nur hier, so könntest du selbst schauen; aber jetzt hältst du mich gewiss für einen aberwitzigen Geisterseher. – Kurz und gut, das Entsetzliche, was mir geschah, dessen tödlichen Eindruck zu vermeiden ich mich vergebens bemühe, besteht in nichts anderm, als dass vor einigen Tagen, nämlich am 30. Oktober mittags um 12 Uhr, ein Wetterglashändler in meine Stube trat und mir seine Ware anbot. Ich kaufte nichts und drohte, ihn die Treppe herabzuwerfen, worauf er aber von selbst fortging. –

Du ahnest, dass nur ganz eigne, tief in mein Leben eingreifende Beziehungen diesem Vorfall Bedeutung geben können, ja, dass wohl die Person jenes unglückseligen Krämers gar feindlich auf mich wirken muss. So ist es in der Tat. Mit aller Kraft fasse ich mich zusammen, um ruhig und geduldig dir aus meiner frühern Jugendzeit so viel zu erzählen, dass deinem regen Sinn alles klar und deutlich in leuchtenden Bildern aufgehen wird. Indem ich anfangen will, höre ich dich lachen und Clara sagen: „Das sind ja rechte Kindereien!" – Lacht, ich bitte euch, lacht mich recht herzlich aus! – ich bitt euch sehr! – Aber Gott im Himmel! die Haare sträuben sich mir, und es ist, als flehe ich euch an, mich auszulachen, in wahnsinniger Verzweiflung, wie Franz Moor den Daniel. – Nun fort zur Sache! –

Außer dem Mittagsessen sahen wir, ich und mein Geschwister, tagüber den Vater wenig. Er mochte mit seinem Dienst viel beschäftigt sein. Nach dem Abendessen, das alter Sitte gemäß schon um sieben Uhr aufgetragen wurde, gingen wir alle, die Mutter mit uns, in des Vaters Arbeitszimmer und setzten uns um einen runden Tisch. Der Vater rauchte Tabak und trank ein großes Glas Bier dazu. Oft erzählte er uns viele wunderbare Geschichten und geriet darüber so in Eifer, dass ihm die Pfeife immer ausging, die ich, ihm brennend Papier hinhaltend, wieder anzünden musste, welches mir denn ein Hauptspaß war. Oft gab er uns aber Bilderbücher in die Hände, saß stumm und starr in seinem Lehnstuhl und blies starke Dampfwolken von sich, dass wir alle wie im Nebel schwammen. An solchen Abenden war die Mutter sehr traurig, und kaum schlug die Uhr neun, so sprach sie: „Nun Kinder! – zu Bette! zu Bette! der Sandmann kommt, ich merk es schon." Wirklich hörte ich dann jedes Mal etwas schweren langsamen Tritts die Treppe heraufpoltern; das musste der Sandmann sein. Einmal war mir jenes dumpfe Treten und Poltern besonders graulich; ich frug die Mutter, indem sie uns fortführte: „Ei, Mama! wer ist denn der böse Sandmann, der uns immer von Papa forttreibt? – wie sieht er denn aus?" „Es gibt keinen Sandmann, mein liebes Kind", erwiderte die Mutter, „wenn ich sage, der Sandmann kommt, so will das nur heißen, ihr seid schläfrig und könnt die Augen nicht offen behalten, als hätte man euch Sand hineingestreut." Der Mutter Antwort befriedigte mich nicht, ja in meinem kindischen Gemüt entfaltete sich deutlich der Gedanke, dass die Mutter den Sandmann nur verleugne, damit wir uns vor ihm nicht fürchten sollten, ich hörte ihn ja immer die Treppe heraufkommen. Voll Neugierde, Näheres von diesem Sandmann und seiner Beziehung auf uns Kinder zu erfahren, frug ich endlich die alte Frau, die meine jüngste Schwester wartete, was denn das für ein Mann sei, der Sandmann. „Ei Thanelchen", erwiderte diese, „weißt du das noch nicht? Das ist ein böser Mann, der kommt zu den Kindern, wenn sie nicht zu Bett gehen wollen, und wirft ihnen Hände voll Sand in die Augen, dass sie blutig zum Kopf herausspringen, die wirft er dann in den Sack und trägt sie in den Halbmond zur Atzung für seine Kinderchen; die sitzen dort im Nest und haben krumme Schnäbel, wie die Eulen, damit picken sie der unartigen Menschenkindlein Augen auf." – Grässlich malte sich nun im Innern mir das Bild des grausamen Sandmanns aus; sowie es abends die Treppe heraufpolterte, zitterte ich vor Angst und

Entsetzen. Nichts als den unter Tränen hergestotterten Ruf: „Der Sandmann! der Sandmann!" konnte die Mutter aus mir herausbringen. Ich lief darauf in das Schlafzimmer, und wohl die ganze Nacht über quälte mich die fürchterliche Erscheinung des Sandmanns. – Schon alt genug war ich geworden, um einzusehen, dass das mit dem Sandmann und seinem Kindernest im Halbmonde, so wie es mir die Wartefrau erzählt hatte, wohl nicht ganz seine Richtigkeit haben könne; indessen blieb mir der Sandmann ein fürchterliches Gespenst, und Grauen – Entsetzen ergriff mich, wenn ich ihn nicht allein die Treppe heraufkommen, sondern auch meines Vaters Stubentür heftig aufreißen und hineintreten hörte. Manchmal blieb er lange weg, dann kam er öfter hintereinander. Jahrelang dauerte das, und nicht gewöhnen konnte ich mich an den unheimlichen Spuk, nicht bleicher wurde in mir das Bild des grausigen Sandmanns. Sein Umgang mit dem Vater fing an, meine Phantasie immer mehr und mehr zu beschäftigen; den Vater darum zu befragen hielt mich eine unüberwindliche Scheu zurück, aber selbst – selbst das Geheimnis zu erforschen, den fabelhaften Sandmann zu sehen, dazu keimte mit den Jahren immer mehr die Lust in mir empor. Der Sandmann hatte mich auf die Bahn des Wunderbaren, Abenteuerlichen gebracht, das so schon leicht im kindlichen Gemüt sich einnistet. Nichts war mir lieber, als schauerliche Geschichten von Kobolden, Hexen, Däumlingen usw. zu hören oder zu lesen; aber obenan stand immer der Sandmann, den ich in den seltsamsten, abscheulichsten Gestalten überall auf Tische, Schränke und Wände mit Kreide, Kohle, hinzeichnete. Als ich zehn Jahre alt geworden, wies mich die Mutter aus der Kinderstube in ein Kämmerchen, das auf dem Korridor unfern von meines Vaters Zimmer lag. Noch immer mussten wir uns, wenn auf den Schlag neun Uhr sich jener Unbekannte im Hause hören ließ, schnell entfernen. In meinem Kämmerchen vernahm ich, wie er bei dem Vater hineintrat, und bald darauf war es mir dann, als verbreite sich im Hause ein feiner, seltsam riechender Dampf. Immer höher mit der Neugierde wuchs der Mut, auf irgendeine Weise des Sandmanns Bekanntschaft zu machen. Oft schlich ich schnell aus dem Kämmerchen auf den Korridor, wenn die Mutter vorübergegangen, aber nichts konnte ich erlauschen, denn immer war der Sandmann schon zur Türe hinein, wenn ich den Platz erreicht hatte, wo er mir sichtbar werden musste. Endlich von unwiderstehlichem Drange getrieben, beschloss ich, im Zimmer des Vaters selbst mich zu verbergen und den Sandmann zu erwarten.

An des Vaters Schweigen, an der Mutter Traurigkeit merkte ich

eines Abends, dass der Sandmann kommen werde; ich schützte
daher große Müdigkeit vor, verließ schon vor neun Uhr das Zimmer und verbarg mich dicht neben der Türe in einen Schlupfwin-
kel. Die Haustür knarrte, durch den Flur ging es, langsamen,
schweren, dröhnenden Schrittes nach der Treppe. Die Mutter eil- 5
te mit dem Geschwister mir vorüber. Leise – leise öffnete ich des
Vaters Stubentür. Er saß, wie gewöhnlich, stumm und starr den
Rücken der Türe zugekehrt, er bemerkte mich nicht, schnell war
ich hinein und hinter der Gardine, die einem gleich neben der Türe stehenden offnen Schrank, worin meines Vaters Kleider hin- 10
gen, vorgezogen war. – Näher – immer näher dröhnten die Tritte –
es hustete und scharrte und brummte seltsam draußen. Das Herz
bebte mir vor Angst und Erwartung. – Dicht, dicht vor der Türe
ein scharfer Tritt – ein heftiger Schlag auf die Klinke, die Tür
springt rasselnd auf! – Mit Gewalt mich ermannend, gucke ich be- 15
hutsam hervor. Der Sandmann steht mitten in der Stube vor meinem Vater, der helle Schein der Lichter brennt ihm ins Gesicht! –
Der Sandmann, der fürchterliche Sandmann ist der alte Advokat
Coppelius, der manchmal bei uns zu Mittage isst! –
    Aber die grässlichste Gestalt hätte mir nicht tieferes Entsetzen 20
erregen können als eben dieser Coppelius. – Denke dir einen
großen breitschultrigen Mann mit einem unförmlich dicken
Kopf, erdgelbem Gesicht, buschichten grauen Augenbrauen, unter denen ein Paar grünliche Katzenaugen stechend hervorfun-
keln, großer, starker über die Oberlippe gezogener Nase. Das 25
schiefe Maul verzieht sich oft zum hämischen Lachen; dann werden auf den Backen ein paar dunkelrote Flecke sichtbar und ein
seltsam zischender Ton fährt durch die zusammengekniffenen
Zähne. Coppelius erschien immer in einem altmodisch zuge-
schnittenen aschgrauen Rocke, ebensolcher Weste und gleichen 30
Beinkleidern, aber dazu schwarze Strümpfe und Schuhe mit kleinen Steinschnallen. Die kleine Perücke reichte kaum bis über den
Kopfwirbel heraus, die Kleblocken standen hoch über den großen
roten Ohren, und ein breiter verschlossener Haarbeutel starrte
von dem Nacken weg, sodass man die silberne Schnalle sah, die 35
die gefältelte Halsbinde schloss. Die ganze Figur war überhaupt
widrig und abscheulich; aber vor allem waren uns Kindern seine
großen knotichten, haarichten Fäuste zuwider, sodass wir, was er
damit berührte, nicht mehr mochten. Das hatte er bemerkt, und
nun war es seine Freude, irgendein Stückchen Kuchen oder eine 40
süße Frucht, die uns die gute Mutter heimlich auf den Teller gelegt, unter diesem oder jenem Vorwande zu berühren, dass wir,
helle Tränen in den Augen, die Näscherei, der wir uns erfreuen

sollten, nicht mehr genießen mochten vor Ekel und Abscheu. Ebenso machte er es, wenn uns an Feiertagen der Vater ein klein Gläschen süßen Weins eingeschenkt hatte. Dann fuhr er schnell mit der Faust herüber oder brachte wohl gar das Glas an die blau-
5 en Lippen und lachte recht teuflisch, wenn wir unsern Ärger nur leise schluchzend äußern durften. Er pflegte uns nur immer die kleinen Bestien zu nennen; wir durften, war er zugegen, keinen Laut von uns geben und verwünschten den hässlichen, feindli-chen Mann, der uns recht mit Bedacht und Absicht auch die kleins-
10 te Freude verdarb. Die Mutter schien ebenso wie wir den wider-wärtigen Coppelius zu hassen; denn sowie er sich zeigte, war ihr Frohsinn, ihr heiteres unbefangenes Wesen umgewandelt in trau-rigen, düstern Ernst. Der Vater betrug sich gegen ihn, als sei er ein höheres Wesen, dessen Unarten man dulden und das man auf jede
15 Weise bei guter Laune erhalten müsse. Er durfte nur leise andeu-ten, und Lieblingsgerichte wurden gekocht und seltene Weine kredenzt.

Als ich nun diesen Coppelius sah, ging es grausig und entsetz-lich in meiner Seele auf, dass ja niemand anders als er der Sand-
20 mann sein könne, aber der Sandmann war mir nicht mehr jener Popanz aus dem Ammenmärchen, der dem Eulennest im Halb-monde Kinderaugen zur Atzung holt, – nein! – ein hässlicher ge-spenstischer Unhold, der überall, wo er einschreitet, Jammer – Not – zeitliches, ewiges Verderben bringt.

25 Ich war festgezaubert. Auf die Gefahr entdeckt und, wie ich deutlich dachte, hart gestraft zu werden, blieb ich stehen, den Kopf lauschend durch die Gardine hervorgestreckt. Mein Vater empfing den Coppelius feierlich. „Auf! – zum Werk", rief dieser mit heiserer, schnarrender Stimme und warf den Rock ab. Der Va-
30 ter zog still und finster seinen Schlafrock aus, und beide kleideten sich in lange schwarze Kittel. Wo sie die hernahmen, hatte ich übersehen. Der Vater öffnete die Flügeltür eines Wandschranks; aber ich sah, dass das, was ich so lange dafür gehalten, kein Wand-schrank, sondern vielmehr eine schwarze Höhlung war, in der ein
35 kleiner Herd stand. Coppelius trat hinzu, und eine blaue Flamme knisterte auf dem Herde empor. Allerlei seltsames Geräte stand umher. Ach Gott! – wie sich nun mein alter Vater zum Feuer he-rabbückte, da sah er ganz anders aus. Ein grässlicher krampfhafter Schmerz schien seine sanften ehrlichen Züge zum hässlichen wi-
40 derwärtigen Teufelsbilde verzogen zu haben. Er sah dem Coppe-lius ähnlich. Dieser schwang die glutrote Zange und holte damit hell blinkende Massen aus dem dicken Qualm, die er dann emsig hämmerte. Mir war es, als würden Menschengesichter ringsumher

9

sichtbar, aber ohne Augen – scheußliche, tiefe schwarze Höhlen
statt ihrer. „Augen her, Augen her!", rief Coppelius mit dumpfer
dröhnender Stimme. Ich kreischte auf, von wildem Entsetzen gewaltig erfasst, und stürzte aus meinem Versteck heraus auf den
Boden. Da ergriff mich Coppelius. „Kleine Bestie! – kleine Bestie!", meckerte er zähnfletschend – riss mich auf und warf mich
auf den Herd, dass die Flamme mein Haar zu sengen begann:
„Nun haben wir Augen – Augen – ein schön Paar Kinderaugen."
So flüsterte Coppelius und griff mit den Fäusten glutrote Körner
aus der Flamme, die er mir in die Augen streuen wollte. Da hob
mein Vater flehend die Hände empor und rief: „Meister! Meister!
lass meinem Nathanael die Augen – lass sie ihm!" Coppelius lachte gellend auf und rief: „Mag denn der Junge die Augen behalten
und sein Pensum flennen in der Welt; aber nun wollen wir doch
den Mechanismus der Hände und der Füße recht observieren."
Und damit fasste er mich gewaltig, dass die Gelenke knackten,
und schrob mir die Hände ab und die Füße und setzte sie bald hier,
bald dort wieder ein. „'s steht doch überall nicht recht! 's gut so
wie es war! – Der Alte hat's verstanden!" So zischte und lispelte
Coppelius; aber alles um mich her wurde schwarz und finster, ein
jäher Krampf durchzuckte Nerv und Gebein – ich fühlte nichts
mehr. Ein sanfter warmer Hauch glitt über mein Gesicht, ich erwachte wie aus dem Todesschlaf, die Mutter hatte sich über mich
hingebeugt. „Ist der Sandmann noch da?", stammelte ich. „Nein,
mein liebes Kind, der ist lange, lange fort, der tut dir keinen Scha-
den!" – So sprach die Mutter und küsste und herzte den wiederge-
wonnenen Liebling. –

Was soll ich dich ermüden, mein herzlieber Lothar! was soll ich
so weitläufig Einzelnes hererzählen, da noch so vieles zu sagen
übrig bleibt? Genug! – ich war bei der Lauscherei entdeckt und
von Coppelius gemisshandelt worden. Angst und Schrecken hatten mir ein hitziges Fieber zugezogen, an dem ich mehrere Wochen krank lag. „Ist der Sandmann noch da?" Das war mein erstes
gesundes Wort und das Zeichen meiner Genesung, meiner Ret-
tung. – Nur noch den schrecklichsten Moment meiner Jugendjah-
re darf ich dir erzählen; dann wirst du überzeugt sein, dass es nicht
meiner Augen Blödigkeit ist, wenn mir nun alles farblos erscheint,
sondern dass ein dunkles Verhängnis wirklich einen trüben Wol-
kenschleier über mein Leben gehängt hat, den ich vielleicht nur
sterbend zerreiße. –

Coppelius ließ sich nicht mehr sehen, es hieß, er habe die Stadt
verlassen.

Ein Jahr mochte vergangen sein, als wir der alten unveränderten

Sitte gemäß abends an dem runden Tische saßen. Der Vater war
sehr heiter und erzählte viel Ergötzliches von den Reisen, die er in
seiner Jugend gemacht. Da hörten wir, als es neune schlug, plötzlich die Haustür in den Angeln knarren, und langsame eisen-
schwere Schritte dröhnten durch den Hausflur die Treppe herauf.
„Das ist Coppelius", sagte meine Mutter erblassend. „Ja! – es ist
Coppelius", wiederholte der Vater mit matter gebrochener Stimme. Die Tränen stürzten der Mutter aus den Augen. „Aber Vater,
Vater!", rief sie, „muss es denn so sein?" „Zum letzten Male!", erwiderte dieser, „zum letzten Male kommt er zu mir, ich verspre-
che es dir. Geh nur, geh mit den Kindern! – Geht – geht zu Bette!
Gute Nacht!"
   Mir war es, als sei ich in schweren kalten Stein eingepresst –
mein Atem stockte! – Die Mutter ergriff mich beim Arm, als ich
unbeweglich stehen blieb: „Komm, Nathanael, komme nur!" –
Ich ließ mich fortführen, ich trat in meine Kammer. „Sei ruhig, sei
ruhig, lege dich ins Bette! – schlafe – schlafe", rief mir die Mutter
nach; aber von unbeschreiblicher innerer Angst und Unruhe ge-
quält, konnte ich kein Auge zutun. Der verhasste abscheuliche
Coppelius stand vor mir mit funkelnden Augen und lachte mich
hämisch an, vergebens trachtete ich sein Bild loszuwerden. Es
mochte wohl schon Mitternacht sein, als ein entsetzlicher Schlag
geschah, wie wenn ein Geschütz losgefeuert würde. Das ganze
Haus erdröhnte, es rasselte und rauschte bei meiner Türe vorüber,
die Haustüre wurde klirrend zugeworfen. „Das ist Coppelius",
rief ich entsetzt und sprang aus dem Bette. Da kreischte es auf in
schneidendem trostlosen Jammer, fort stürzte ich nach des Vaters
Zimmer, die Türe stand offen, erstickender Dampf quoll mir entgegen, das Dienstmädchen schrie: „Ach, der Herr! – der Herr!" –
Vor dem dampfenden Herde auf dem Boden lag mein Vater tot
mit schwarz verbranntem grässlich verzerrtem Gesicht, um ihn
herum heulten und winselten die Schwestern – die Mutter ohnmächtig daneben! – „Coppelius, verruchter Satan, du hast den Vater erschlagen!" – So schrie ich auf; mir vergingen die Sinne. Als
man zwei Tage darauf meinen Vater in den Sarg legte, waren seine
Gesichtszüge wieder mild und sanft geworden, wie sie im Leben
waren. Tröstend ging es in meiner Seele auf, dass sein Bund mit
dem teuflischen Coppelius ihn nicht ins ewige Verderben gestürzt
haben könne. –
   Die Explosion hatte die Nachbarn geweckt, der Vorfall wurde
ruchbar und kam vor die Obrigkeit, welche den Coppelius zur
Verantwortung vorfordern wollte. Der war aber spurlos vom Orte verschwunden.

Wenn ich dir nun sage, mein herzlieber Freund, dass jener Wetterglashändler eben der verruchte Coppelius war, so wirst du mir es nicht verargen, dass ich die feindliche Erscheinung als schweres Unheil bringend deute. Er war anders gekleidet, aber Coppelius' Figur und Gesichtszüge sind zu tief in mein Innerstes eingeprägt, als dass hier ein Irrtum möglich sein sollte. Zudem hat Coppelius nicht einmal seinen Namen geändert. Er gibt sich hier, wie ich höre, für einen piemontesischen Mechanikus aus und nennt sich Giuseppe Coppola.

Ich bin entschlossen, es mit ihm aufzunehmen und des Vaters Tod zu rächen, mag es denn nun gehen, wie es will.

Der Mutter erzähle nichts von dem Erscheinen des grässlichen Unholds – Grüße meine liebe holde Clara, ich schreibe ihr in ruhigerer Gemütsstimmung. Lebe wohl etc. etc.

Clara an Nathanael

Wahr ist es, dass du recht lange mir nicht geschrieben hast, aber dennoch glaube ich, dass du mich in Sinn und Gedanken trägst. Denn meiner gedachtest du wohl recht lebhaft, als du deinen letzten Brief an Bruder Lothar absenden wolltest und die Aufschrift, statt an ihn an mich richtetest. Freudig erbrach ich den Brief und wurde den Irrtum erst bei den Worten inne: „Ach, mein herzlieber Lothar!" – Nun hätte ich nicht weiterlesen, sondern den Brief dem Bruder geben sollen. Aber, hast du mir auch sonst manchmal in kindischer Neckerei vorgeworfen, ich hätte solch ruhiges, weiblich besonnenes Gemüt, dass ich wie jene Frau, drohe das Haus den Einsturz, noch vor schneller Flucht ganz geschwinde einen falschen Kniff in der Fenstergardine glatt streichen würde, so darf ich doch wohl kaum versichern, dass deines Briefes Anfang mich tief erschütterte. Ich konnte kaum atmen, es flimmerte mir vor den Augen. – Ach, mein herzgeliebter Nathanael! was konnte so Entsetzliches in dein Leben getreten sein! Trennung von dir, dich niemals wieder sehen, der Gedanke durchfuhr meine Brust wie ein glühender Dolchstich. – Ich las und las! – Deine Schilderung des widerwärtigen Coppelius ist grässlich. Erst jetzt vernahm ich, wie dein guter alter Vater solch entsetzlichen, gewaltsamen Todes starb. Bruder Lothar, dem ich sein Eigentum zustellte, suchte mich zu beruhigen, aber es gelang ihm schlecht. Der fatale Wetterglashändler Giuseppe Coppola verfolgte mich auf Schritt und Tritt, und beinahe schäme ich mich, es zu gestehen, dass er selbst meinen gesunden, sonst so ruhigen

Schlaf in allerlei wunderlichen Traumgebilden zerstören konnte.
Doch bald, schon den andern Tag, hatte sich alles anders in mir ge-
staltet. Sei mir nur nicht böse, mein Inniggeliebter, wenn Lothar
dir etwa sagen möchte, dass ich trotz deiner seltsamen Ahnung,
Coppelius werde dir etwas Böses antun, ganz heitern, unbefangenen Sinnes bin wie immer.

Geradeheraus will ich es dir nur gestehen, dass, wie ich meine,
alles Entsetzliche und Schreckliche, wovon du sprichst, nur in
deinem Innern vorging, die wahre wirkliche Außenwelt aber daran wohl wenig teilhatte. Widerwärtig genug mag der alte Coppelius gewesen sein, aber dass er Kinder hasste, das brachte in euch
Kindern wahren Abscheu gegen ihn hervor.

Natürlich verknüpfte sich nun in deinem kindischen Gemüt
der schreckliche Sandmann aus dem Ammenmärchen mit dem alten Coppelius, der dir, glaubtest du auch nicht an den Sandmann,
ein gespenstischer, Kindern vorzüglich gefährlicher Unhold
blieb. Das unheimliche Treiben mit deinem Vater zur Nachtzeit
war wohl nichts anders, als dass beide insgeheim alchimistische
Versuche machten, womit die Mutter nicht zufrieden sein konnte, da gewiss viel Geld unnütz verschleudert und obendrein, wie
es immer mit solchen Laboranten der Fall sein soll, des Vaters
Gemüt, ganz von dem trügerischen Drange nach hoher Weisheit
erfüllt, der Familie abwendig gemacht wurde. Der Vater hat wohl
gewiss durch eigne Unvorsichtigkeit seinen Tod herbeigeführt,
und Coppelius ist nicht schuld daran: Glaubst du, dass ich den er-
fahrnen Nachbar Apotheker gestern frug, ob wohl bei chemi-
schen Versuchen eine solche augenblicklich tötende Explosion
möglich sei? Der sagte: „Ei allerdings" und beschrieb mir nach
seiner Art gar weitläufig und umständlich, wie das zugehen könne, und nannte dabei so viel sonderbar klingende Namen, die ich
gar nicht zu behalten vermochte. – Nun wirst du wohl unwillig
werden über deine Clara, du wirst sagen: „In dies kalte Gemüt
dringt kein Strahl des Geheimnisvollen, das den Menschen oft
mit unsichtbaren Armen umfasst; sie erschaut nur die bunte
Oberfläche der Welt und freut sich wie das kindische Kind über
die goldgleißende Frucht, in deren Innerm tödliches Gift verborgen."

Ach, mein herzgeliebter Nathanael, glaubst du denn nicht, dass
auch in heitern – unbefangenen – sorglosen Gemütern die Ahnung wohnen könne von einer dunklen Macht, die feindlich uns
in unserm eignen Selbst zu verderben strebt? – Aber verzeih es
mir, wenn ich einfältig Mädchen mich unterfange, auf irgendeine
Weise anzudeuten, was ich eigentlich von solchem Kampfe im In-

nern glaube. – Ich finde wohl gar am Ende nicht die rechten Worte, und du lachst mich aus, nicht, weil ich was Dummes meine, sondern weil ich mich so ungeschickt anstelle, es zu sagen.

Gibt es eine dunkle Macht, die so recht feindlich und verräterisch einen Faden in unser Inneres legt, woran sie uns dann festpackt und fortzieht auf einem gefahrvollen verderblichen Wege, den wir sonst nicht betreten haben würden – gibt es eine solche Macht, so muss sie in uns sich wie wir selbst gestalten, ja unser Selbst werden; denn nur so glauben wir an sie und räumen ihr den Platz ein, dessen sie bedarf, um jenes geheime Werk zu vollbringen. Haben wir festen, durch das heitre Leben gestärkten Sinn genug, um fremdes feindliches Einwirken als solches stets zu erkennen und den Weg, in den uns Neigung und Beruf geschoben, ruhigen Schrittes zu verfolgen, so geht wohl jene unheimliche Macht unter in dem vergeblichen Ringen nach der Gestaltung, die unser eignes Spiegelbild sein sollte. „Es ist auch gewiss", fügt Lothar hinzu, „dass die dunkle psychische Macht, haben wir uns durch uns selbst ihr hingegeben, oft fremde Gestalten, die die Außenwelt uns in den Weg wirft, in unser Inneres hineinzieht, so, dass wir selbst nur den Geist entzünden, der, wie wir in wunderlicher Täuschung glauben, aus jener Gestalt spricht. Es ist das Phantom unseres eigenen Ichs, dessen innige Verwandtschaft und dessen tiefe Einwirkung auf unser Gemüt uns in die Hölle wirft oder in den Himmel verzückt." – Du merkst, mein herzlieber Nathanael, dass wir, ich und Bruder Lothar, uns recht über die Materie von dunklen Mächten und Gewalten ausgesprochen haben, die mir nun, nachdem ich nicht ohne Mühe das Hauptsächlichste aufgeschrieben, ordentlich tiefsinnig vorkommt. Lothars letzte Worte verstehe ich nicht ganz, ich ahne nur, was er meint, und doch ist es mir, als sei alles sehr wahr. Ich bitte dich, schlage dir den hässlichen Advokaten Coppelius und den Wetterglasmann Giuseppe Coppola ganz aus dem Sinn. Sei überzeugt, dass diese fremden Gestalten nichts über dich vermögen; nur der Glaube an ihre feindliche Gewalt kann sie dir in der Tat feindlich machen. Spräche nicht aus jeder Zeile deines Briefes die tiefste Aufregung deines Gemüts, schmerzte mich nicht dein Zustand recht in innerster Seele, wahrhaftig, ich könnte über den Advokaten Sandmann und den Wetterglashändler Coppelius scherzen. Sei heiter – heiter! – Ich habe mir vorgenommen, bei dir zu erscheinen wie dein Schutzgeist und den hässlichen Coppola, sollte er es sich etwa beikommen lassen, dir im Traum beschwerlich zu fallen, mit lautem Lachen fortzubannen. Ganz und gar nicht fürchte ich mich vor ihm und vor seinen garstigen Fäusten, er soll mir weder als Advokat eine Näscherei noch als Sandmann die Augen verderben.

Ewig, mein herzinnigstgeliebter Nathanael etc. etc. etc.

Nathanael an Lothar

Sehr unlieb ist es mir, dass Clara neulich den Brief an dich aus, freilich durch meine Zerstreutheit veranlasstem, Irrtum erbrach und las. Sie hat mir einen sehr tiefsinnigen philosophischen Brief geschrieben, worin sie ausführlich beweiset, dass Coppelius und Coppola nur in meinem Innern existieren und Phantome meines Ichs sind, die augenblicklich zerstäuben, wenn ich sie als solche erkenne. In der Tat, man sollte gar nicht glauben, dass der Geist, der aus solch hellen holdlächelnden Kindesaugen oft wie ein lieblicher süßer Traum hervorleuchtet, so gar verständig, so magistermäßig distinguieren könne. Sie beruft sich auf dich. Ihr habt über mich gesprochen. Du liesest ihr wohl logische Kollegia, damit sie alles fein sichten und sondern lerne. – Lass das bleiben! – Übrigens ist es wohl gewiss, dass der Wetterglashändler Giuseppe Coppola keinesweges der alte Advokat Coppelius ist. Ich höre bei dem erst neuerdings angekommenen Professor der Physik, der wie jener berühmte Naturforscher Spalanzani heißt und italienischer Abkunft ist, Kollegia. Der kennt den Coppola schon seit vielen Jahren, und überdem hört man es auch seiner Aussprache an, dass er wirklich Piemonteser ist. Coppelius war ein Deutscher, aber wie mich dünkt, kein ehrlicher. Ganz beruhigt bin ich nicht. Haltet ihr, du und Clara, mich immerhin für einen düstern Träumer, aber nicht los kann ich den Eindruck werden, den Coppelius' verfluchtes Gesicht auf mich macht. Ich bin froh, dass er fort ist aus der Stadt, wie mir Spalanzani sagt. Dieser Professor ist ein wunderlicher Kauz. Ein kleiner rundlicher Mann, das Gesicht mit starken Backenknochen, feiner Nase, aufgeworfnen Lippen, kleinen stechenden Augen. Doch besser als in jeder Beschreibung siehst du ihn, wenn du den Cagliostro, wie er von Chodowiecki in irgendeinem berlinischen Taschenkalender steht, anschauest. – So sieht Spalanzani aus. – Neulich steige ich die Treppe herauf und nehme wahr, dass die sonst einer Glastüre dicht vorgezogene Gardine zur Seite einen kleinen Spalt lässt. Selbst weiß ich nicht, wie ich dazu kam, neugierig durchzublicken. Ein hohes, sehr schlank im reinsten Ebenmaß gewachsenes, herrlich gekleidetes Frauenzimmer saß im Zimmer vor einem kleinen Tisch, auf den sie beide Arme, die Hände zusammengefaltet, gelegt hatte. Sie saß der Türe gegenüber, so, dass ich ihr engelschönes Gesicht ganz erblickte. Sie schien mich nicht zu bemerken, und überhaupt hatten ihre Augen etwas Starres, beinahe möcht ich sagen, keine Sehkraft, es war mir so, als schliefe sie mit offnen Augen. Mir wurde ganz unheimlich, und deshalb schlich ich leise fort ins Auditorium, das daneben gelegen. Nachher erfuhr ich, dass die Gestalt, die ich gesehen, Spalanzanis Tochter Olimpia war, die er sonderbarer- und schlechterweise einsperrt, so, dass durchaus kein Mensch in ihre Nähe kommen darf. – Am Ende hat es eine Bewandtnis mit ihr, sie ist vielleicht blödsinnig oder sonst. – Weshalb schreibe ich dir aber das alles? Besser und ausführlicher hätte ich dir das mündlich erzählen können. Wisse nämlich, dass ich über vierzehn Tage bei euch bin. Ich muss mein süßes liebes Engelsbild, meine Clara, wieder sehen. Weggehaucht wird dann die Verstimmung sein, die sich (ich muss das gestehen) nach dem fatalen verständigen Briefe meiner bemeistern wollte. Deshalb schreibe ich auch heute nicht an sie.

Tausend Grüße etc. etc. etc.

Seltsamer und wunderlicher kann nichts erfunden werden, als dasjenige ist, was sich mit meinem armen Freunde, dem jungen Studenten Nathanael, zugetragen, und was ich dir, günstiger Leser, zu erzählen unternommen. Hast du, Geneigtester, wohl jemals etwas erlebt, das deine Brust, Sinn und Gedanken ganz und gar erfüllte, alles andere daraus verdrängend? Es gärte und kochte in dir, zur siedenden Glut entzündet, sprang das Blut durch die Adern und färbte höher deine Wangen. Dein Blick war so seltsam, als wolle er Gestalten, keinem andern Auge sichtbar, im leeren Raum erfassen, und die Rede zerfloss in dunkle Seufzer. Da frugen dich die Freunde: „Wie ist Ihnen, Verehrter? – Was haben Sie, Teurer?" Und nun wolltest du das innere Gebilde mit allen glühenden Farben und Schatten und Lichtern aussprechen und mühtest dich ab, Worte zu finden, um nur anzufangen. Aber es war dir, als müsstest du nun gleich im ersten Wort alles Wunderbare, Herrliche, Entsetzliche, Lustige, Grauenhafte, das sich zugetragen, recht zusammengreifen, sodass es wie ein elektrischer Schlag alle treffe. Doch jedes Wort, alles was Rede vermag, schien dir farblos und frostig und tot. Du suchst und suchst, und stotterst und stammelst, und die nüchternen Fragen der Freunde schlagen wie eisige Windeshauche hinein in deine innere Glut, bis sie verlöschen will. Hattest du aber, wie ein kecker Maler, erst mit einigen verwegenen Strichen den Umriss deines innern Bildes hingeworfen, so trugst du mit leichter Mühe immer glühender und glühen-

der die Farben auf, und das lebendige Gewühl mannigfacher Gestalten riss die Freunde fort, und sie sahen, wie du, sich selbst mitten im Bilde, das aus deinem Gemüt hervorgegangen! – Mich hat, wie ich es dir, geneigter Leser! gestehen muss, eigentlich niemand
5 nach der Geschichte des jungen Nathanael gefragt; du weißt ja aber wohl, dass ich zu dem wunderlichen Geschlechte der Autoren gehöre, denen, tragen sie etwas so in sich, wie ich es vorhin beschrieben, so zumute wird, als frage jeder, der in ihre Nähe kommt, und nebenher auch wohl noch die ganze Welt: „Was ist es
10 denn? Erzählen Sie, Liebster!" – So trieb es mich denn gar gewaltig, von Nathanaels verhängnisvollem Leben zu dir zu sprechen. Das Wunderbare, Seltsame davon erfüllte meine ganze Seele, aber eben deshalb und weil ich dich, o mein Leser! gleich geneigt machen musste, Wunderliches zu ertragen, welches nichts Geringes
15 ist, quälte ich mich ab, Nathanaels Geschichte, bedeutend – originell, ergreifend, anzufangen: „Es war einmal" – der schönste Anfang jeder Erzählung, zu nüchtern! – „In der kleinen Provinzial-Stadt S. lebte" – etwas besser, wenigstens ausholend zum Klimax. – Oder gleich medias in res: „‚Scher Er sich zum Teufel', rief, Wut
20 und Entsetzen im wilden Blick, der Student Nathanael, als der Wetterglashändler Giuseppe Coppola" – Das hatte ich in der Tat schon aufgeschrieben, als ich in dem wilden Blick des Studenten Nathanael etwas Possierliches zu verspüren glaubte; die Geschichte ist aber gar nicht spaßhaft. Mir kam keine Rede in den
25 Sinn, die nur im Mindesten etwas von dem Farbenglanz des innern Bildes abzuspiegeln schien. Ich beschloss, gar nicht anzufangen. Nimm, geneigter Leser! die drei Briefe, welche Freund Lothar mir gütigst mitteilte, für den Umriss des Gebildes, in das ich nun erzählend immer mehr und mehr Farbe hineinzutragen mich
30 bemühen werde. Vielleicht gelingt es mir, manche Gestalt, wie ein guter Porträtmaler, so aufzufassen, dass du es ähnlich findest, ohne das Original zu kennen, ja dass es dir ist, als hättest du die Person recht oft schon mit leibhaftigen Augen gesehen. Vielleicht wirst du, o mein Leser! dann glauben, dass nichts wunderlicher
35 und toller sei als das wirkliche Leben und dass dieses der Dichter doch nur, wie in eines mattgeschliffnen Spiegels dunklem Widerschein, auffassen könne.

Damit klarer werde, was gleich anfangs zu wissen nötig, ist jenen Briefen noch hinzuzufügen, dass bald darauf, als Nathanaels
40 Vater gestorben, Clara und Lothar, Kinder eines weitläuftigen Verwandten, der ebenfalls gestorben und sie verwaist nachgelassen, von Nathanaels Mutter ins Haus genommen wurden. Clara und Nathanael fassten eine heftige Zuneigung zueinander, woge-

gen kein Mensch auf Erden etwas einzuwenden hatte; sie waren daher Verlobte, als Nathanael den Ort verließ, um seine Studien in G. – fortzusetzen. Da ist er nun in seinem letzten Briefe und hört Kollegia bei dem berühmten Professor Physices, Spalanzani.

Nun könnte ich getrost in der Erzählung fortfahren; aber in dem Augenblick steht Claras Bild so lebendig mir vor Augen, dass ich nicht wegschauen kann, so wie es immer geschah, wenn sie mich holdlächelnd anblickte. – Für schön konnte Clara keinesweges gelten; das meinten alle, die sich von Amts wegen auf Schönheit verstehen. Doch lobten die Architekten die reinen Verhältnisse ihres Wuchses, die Maler fanden Nacken, Schultern und Brust beinahe zu keusch geformt, verliebten sich dagegen sämtlich in das wunderbare Magdalenenhaar und faselten überhaupt viel von Battonischem Kolorit. Einer von ihnen, ein wirklicher Phantast, verglich aber höchst seltsamerweise Claras Augen mit einem See von Ruisdael, in dem sich des wolkenlosen Himmels reines Azur, Wald- und Blumenflur, der reichen Landschaft ganzes buntes, heiteres Leben spiegelt. Dichter und Meister gingen aber weiter und sprachen: „Was See – was Spiegel! – Können wir denn das Mädchen anschauen, ohne dass uns aus ihrem Blick wunderbare himmlische Gesänge und Klänge entgegenstrahlen, die in unser Innerstes dringen, dass da alles wach und rege wird? Singen wir selbst dann nichts wahrhaft Gescheutes, so ist überhaupt nicht viel an uns, und das lesen wir denn auch deutlich in dem um Claras Lippen schwebenden feinen Lächeln, wenn wir uns unterfangen, ihr etwas vorzuquinkelieren, das so tun will, als sei es Gesang, unerachtet nur einzelne Töne verworren durcheinander springen." Es war dem so. Clara hatte die lebenskräftige Phantasie des heitern unbefangenen, kindischen Kindes, ein tiefes weiblich zartes Gemüt, einen gar hellen, scharf sichtenden Verstand. Die Nebler und Schwebler hatten bei ihr böses Spiel; denn ohne zu viel zu reden, was überhaupt in Claras schweigsamer Natur nicht lag, sagte ihnen der helle Blick und jenes feine ironische Lächeln: „Lieben Freunde! wie möget ihr mir denn zumuten, dass ich eure verfließende Schattengebilde für wahre Gestalten ansehen soll mit Leben und Regung?" – Clara wurde deshalb von vielen kalt, gefühllos, prosaisch gescholten; aber andere, die das Leben in klarer Tiefe aufgefasst, liebten ungemein das gemütvolle, verständige, kindliche Mädchen, doch keiner so sehr als Nathanael, der sich in Wissenschaft und Kunst kräftig und heiter bewegte. Clara hing an dem Geliebten mit ganzer Seele; die ersten Wolkenschatten zogen durch ihr Leben, als er sich von ihr trennte. Mit welchem Entzücken flog sie in seine Arme, als er nun, wie er im letzten Briefe an Lothar es verheißen, wirklich in seiner Vaterstadt ins Zimmer der Mutter eintrat. Es geschah so, wie Nathanael geglaubt; denn in dem Augenblick, als er Clara wieder sah, dachte er weder an den Advokaten Coppelius noch an Claras verständigen Brief, jede Verstimmung war verschwunden.

Recht hatte aber Nathanael doch, als er seinem Freunde Lothar schrieb, dass des widerwärtigen Wetterglashändlers Coppola Gestalt recht feindlich in sein Leben getreten sei. Alle fühlten das, da Nathanael gleich in den ersten Tagen in seinem ganzen Wesen durchaus verändert sich zeigte. Er versank in düstre Träumereien und trieb es bald so seltsam, wie man es niemals von ihm gewohnt gewesen. Alles, das ganze Leben war ihm Traum und Ahnung geworden; immer sprach er davon, wie jeder Mensch, sich frei wähnend, nur dunklen Mächten zum grausamen Spiel diene, vergeblich lehne man sich dagegen auf, demütig müsse man sich dem fügen, was das Schicksal verhängt habe. Er ging so weit, zu behaupten, dass es töricht sei, wenn man glaube, in Kunst und Wissenschaft nach selbsttätiger Willkür zu schaffen; denn die Begeisterung, in der man nur zu schaffen fähig sei, komme nicht aus dem eignen Innern, sondern sei das Einwirken irgendeines außer uns selbst liegenden höheren Prinzips.

Der verständigen Clara war diese mystische Schwärmerei im höchsten Grade zuwider, doch schien es vergebens, sich auf Widerlegung einzulassen. Nur dann, wenn Nathanael bewies, dass Coppelius das böse Prinzip sei, das ihn in dem Augenblick erfasst habe, als er hinter dem Vorhange lauschte, und dass dieser widerwärtige Dämon auf entsetzliche Weise ihr Liebesglück stören werde, da wurde Clara sehr ernst und sprach: „Ja, Nathanael! Du hast Recht, Coppelius ist ein böses, feindliches Prinzip, er kann Entsetzliches wirken wie eine teuflische Macht, die sichtbarlich in das Leben trat, aber nur dann, wenn du ihn nicht aus Sinn und Gedanken verbannst. Solange du an ihn glaubst, ist er auch und wirkt, nur dein Glaube ist seine Macht." – Nathanael, ganz erzürnt, dass Clara die Existenz des Dämons nur in seinem eignen Innern statuiere, wollte dann hervorrücken mit der ganzen mystischen Lehre von Teufeln und grausen Mächten, Clara brach aber verdrüsslich ab, indem sie irgendetwas Gleichgültiges dazwischenschob, zu Nathanaels nicht geringem Ärger. Der dachte, kalten unempfänglichen Gemütern erschließen sich nicht solche tiefe Geheimnisse, ohne sich deutlich bewusst zu sein, dass er Clara eben zu solchen untergeordneten Naturen zähle, weshalb er nicht abließ mit Versuchen, sie in jene Geheimnisse einzuweihen. Am frühen Morgen, wenn Clara das Frühstück bereiten half,

stand er bei ihr und las ihr aus allerlei mystischen Büchern vor,
dass Clara bat: „Aber lieber Nathanael, wenn ich dich nun das
böse Prinzip schelten wollte, das feindlich auf meinen Kaffee
wirkt? – Denn, wenn ich, wie du es willst, alles stehen und liegen
lassen und dir, indem du liesest, in die Augen schauen soll, so läuft
mir der Kaffee ins Feuer, und ihr bekommt alle kein Frühstück!" –
Nathanael klappte das Buch heftig zu und rannte voll Unmut fort
in sein Zimmer. Sonst hatte er eine besondere Stärke in anmuti-
gen, lebendigen Erzählungen, die er aufschrieb und die Clara mit
dem innigsten Vergnügen anhörte, jetzt waren seine Dichtungen
düster, unverständlich, gestaltlos, sodass, wenn Clara schonend
es auch nicht sagte, er doch wohl fühlte, wie wenig sie davon an-
gesprochen wurde. Nichts war für Clara tötender als das Langweilige; in Blick und Rede sprach sich dann ihre nicht zu besie-
gende geistige Schläfrigkeit aus. Nathanaels Dichtungen waren
in der Tat sehr langweilig. Sein Verdruss über Claras kaltes pro-
saisches Gemüt stieg höher, Clara konnte ihren Unmut über
Nathanaels dunkle, düstere, langweilige Mystik nicht überwin-
den, und so entfernten beide im Innern sich immer mehr voneinander, ohne es selbst zu bemerken. Die Gestalt des hässlichen
Coppelius war, wie Nathanael selbst es sich gestehen musste, in
seiner Phantasie erbleicht, und es kostete ihm oft Mühe, ihn in
seinen Dichtungen, wo er als grauser Schicksalspopanz auftrat,
recht lebendig zu kolorieren. Es kam ihm endlich ein, jene düstre
Ahnung, dass Coppelius sein Liebesglück stören werde, zum
Gegenstande eines Gedichts zu machen. Er stellte sich und Clara
dar, in treuer Liebe verbunden, aber dann und wann war es, als
griffe eine schwarze Faust in ihr Leben und risse irgendeine Freude heraus, die ihnen aufgegangen. Endlich, als sie schon am Trau-
altar stehen, erscheint der entsetzliche Coppelius und berührt
Claras holde Augen; die springen in Nathanaels Brust, wie blutige Funken sengend und brennend, Coppelius fasst ihn und
wirft ihn in einen flammenden Feuerkreis, der sich dreht mit der
Schnelligkeit des Sturmes und ihn sausend und brausend fort-
reißt. Es ist ein Tosen, als wenn der Orkan grimmig hinein-
peitscht in die schäumenden Meereswellen, die sich wie
schwarze, weißhauptige Riesen emporbäumen in wütendem
Kampfe. Aber durch dies wilde Tosen hört er Claras Stimme:
„Kannst du mich denn nicht erschauen? Coppelius hat dich
getäuscht, das waren ja nicht meine Augen, die so in deiner Brust
brannten, das waren ja glühende Tropfen deines eignen Herz-
bluts – ich habe ja meine Augen, sieh mich doch nur an!" – Nathanael denkt: „Das ist Clara, und ich bin ihr eigen ewiglich." –

20

Da ist es, als fasst der Gedanke gewaltig in den Feuerkreis hinein, dass er stehen bleibt, und im schwarzen Abgrund verrauscht dumpf das Getöse. Nathanael blickt in Claras Augen; aber es ist der Tod, der mit Claras Augen ihn freundlich anschaut.

Während Nathanael dies dichtete, war er sehr ruhig und besonnen, er feilte und besserte an jeder Zeile, und da er sich dem metrischen Zwange unterworfen, ruhte er nicht, bis alles rein und wohlklingend sich fügte. Als er jedoch nun endlich fertig worden und das Gedicht für sich laut las, da fasste ihn Grausen und wildes Entsetzen, und er schrie auf: „Wessen grauenvolle Stimme ist das?" – Bald schien ihm jedoch das Ganze wieder nur eine sehr gelungene Dichtung, und es war ihm, als müsse Claras kaltes Gemüt dadurch entzündet werden, wiewohl er nicht deutlich dachte, wozu denn Clara entzündet und wozu es denn nun eigentlich führen solle, sie mit den grauenvollen Bildern zu ängstigen, die ein entsetzliches, ihre Liebe zerstörendes Geschick weissagten. Sie, Nathanael und Clara, saßen in der Mutter kleinem Garten, Clara war sehr heiter, weil Nathanael sie seit drei Tagen, in denen er an jener Dichtung schrieb, nicht mit seinen Träumen und Ahnungen geplagt hatte. Auch Nathanael sprach lebhaft und froh von lustigen Dingen wie sonst, so, dass Clara sagte: „Nun erst habe ich dich ganz wieder, siehst du es wohl, wie wir den hässlichen Coppelius vertrieben haben?" Da fiel dem Nathanael erst ein, dass er ja die Dichtung in der Tasche trage, die er habe vorlesen wollen. Er zog auch sogleich die Blätter hervor und fing an zu lesen: Clara, etwas Langweiliges wie gewöhnlich vermutend und sich darein ergebend, fing an, ruhig zu stricken. Aber so wie immer schwärzer und schwärzer das düstre Gewölk aufstieg, ließ sie den Strickstrumpf sinken und blickte starr dem Nathanael ins Auge. Den riss seine Dichtung unaufhaltsam fort, hochrot färbte seine Wangen die innere Glut, Tränen quollen ihm aus den Augen. – Endlich hatte er geschlossen, er stöhnte in tiefer Ermattung – er fasste Claras Hand und seufzte, wie aufgelöst in trostlosem Jammer: „Ach! – Clara – Clara!" – Clara drückte ihn sanft an ihren Busen und sagte leise, aber sehr langsam und ernst: „Nathanael – mein herzlieber Nathanael! – wirf das tolle – unsinnige – wahnsinnige Märchen ins Feuer." Da sprang Nathanael entrüstet auf und rief, Clara von sich stoßend: „Du lebloses, verdammtes Automat!" Er rannte fort, bittre Tränen vergoss die tief verletzte Clara: „Ach, er hat mich niemals geliebt, denn er versteht mich nicht", schluchzte sie laut. – Lothar trat in die Laube; Clara musste ihm erzählen, was vorgefallen; er liebte seine Schwester mit ganzer Seele, jedes Wort ihrer Anklage fiel wie ein Funke in sein Inneres, so, dass der Unmut, den er wider den träumerischen Nathanael lange im Herzen getragen, sich entzündete zum wilden Zorn. Er lief zu Nathanael, er warf ihm das unsinnige Betragen gegen die geliebte Schwester in harten Worten vor, die der aufbrausende Nathanael ebenso erwiderte. Ein phantastischer, wahnsinniger Geck wurde mit einem miserablen, gemeinen Alltagsmenschen erwidert. Der Zweikampf war unvermeidlich. Sie beschlossen, sich am folgenden Morgen hinter dem Garten nach dortiger akademischer Sitte mit scharfgeschliffenen Stoßrapieren zu schlagen. Stumm und finster schlichen sie umher, Clara hatte den heftigen Streit gehört und gesehen, dass der Fechtmeister in der Dämmerung die Rapiere brachte. Sie ahnte, was geschehen sollte. Auf dem Kampfplatz angekommen, hatten Lothar und Nathanael soeben düster schweigend die Röcke abgeworfen, blutdürstige Kampflust im brennenden Auge, wollten sie gegeneinander ausfallen, als Clara durch die Gartentür herbeistürzte. Schluchzend rief sie laut: „Ihr wilden entsetzlichen Menschen! – stoßt mich nur gleich nieder, ehe ihr euch anfallt; denn wie soll ich denn länger leben auf der Welt, wenn der Geliebte den Bruder oder wenn der Bruder den Geliebten ermordet hat!" – Lothar ließ die Waffe sinken und sah schweigend zur Erde nieder, aber in Nathanaels Innern ging in herzzerreißender Wehmut alle Liebe wieder auf, wie er sie jemals in der herrlichen Jugendzeit schönsten Tagen für die holde Clara empfunden. Das Mordgewehr entfiel seiner Hand, er stürzte zu Claras Füßen. „Kannst du mir denn jemals verzeihen, du meine einzige, meine herzgeliebte Clara! – Kannst du mir verzeihen, mein herzlieber Bruder Lothar!" – Lothar wurde gerührt von des Freundes tiefem Schmerz; unter tausend Tränen umarmten sich die drei versöhnten Menschen und schwuren, nicht voneinander zu lassen in steter Liebe und Treue.

Dem Nathanael war es zumute, als sei eine schwere Last, die ihn zu Boden gedrückt, von ihm abgewälzt, ja als habe er, Widerstand leistend der finstern Macht, die ihn befangen, sein ganzes Sein, dem Vernichtung drohte, gerettet. Noch drei selige Tage verlebte er bei den Lieben, dann kehrte er zurück nach G., wo er noch ein Jahr zu bleiben, dann aber auf immer nach seiner Vaterstadt zurückzukehren gedachte.

Der Mutter war alles, was sich auf Coppelius bezog, verschwiegen worden; denn man wusste, dass sie nicht ohne Entsetzen an ihn denken konnte, weil sie, wie Nathanael, ihm den Tod ihres Mannes Schuld gab.

Wie erstaunte Nathanael, als er in seine Wohnung wollte und sah, dass das ganze Haus niedergebrannt war, sodass aus dem Schutthaufen nur die nackten Feuermauern hervorragten. Unerachtet das Feuer in dem Laboratorium des Apothekers, der im untern Stocke wohnte, ausgebrochen war, das Haus daher von unten herauf gebrannt hatte, so war es doch den kühnen, rüstigen Freunden gelungen, noch zu rechter Zeit in Nathanaels im obern Stock gelegenes Zimmer zu dringen und Bücher, Manuskripte, Instrumente zu retten. Alles hatten sie unversehrt in ein anderes Haus getragen und dort ein Zimmer in Beschlag genommen, welches Nathanael nun sogleich bezog. Nicht sonderlich achtete er darauf, dass er dem Professor Spalanzani gegenüberwohnte, und ebenso wenig schien es ihm etwas Besonderes, als er bemerkte, dass er aus seinem Fenster gerade hinein in das Zimmer blickte, wo oft Olimpia einsam saß, so, dass er ihre Figur deutlich erkennen konnte, wiewohl die Züge des Gesichts undeutlich und verworren blieben. Wohl fiel es ihm endlich auf, dass Olimpia oft stundenlang in derselben Stellung, wie er sie einst durch die Glastüre entdeckte, ohne irgendeine Beschäftigung an einem kleinen Tische saß und dass sie offenbar unverwandten Blickes nach ihm herüberschaute; er musste sich auch selbst gestehen, dass er nie einen schöneren Wuchs gesehen; indessen, Clara im Herzen, blieb ihm die steife, starre Olimpia höchst gleichgültig, und nur zuweilen sah er flüchtig über sein Kompendium herüber nach der schönen Bildsäule, das war alles. – Eben schrieb er an Clara, als es leise an die Türe klopfte; sie öffnete sich auf seinen Zuruf, und Coppolas widerwärtiges Gesicht sah hinein. Nathanael fühlte sich im Innersten erbeben; eingedenk dessen, was ihm Spalanzani über den Landsmann Coppola gesagt und was er auch rücksichts des Sandmanns Coppelius der Geliebten so heilig versprochen, schämte er sich aber selbst seiner kindischen Gespensterfurcht, nahm sich mit aller Gewalt zusammen und sprach so sanft und gelassen, als möglich: „Ich kaufe kein Wetterglas, mein lieber Freund! gehen Sie nur!" Da trat aber Coppola vollends in die Stube und sprach mit heiserem Ton, indem sich das weite Maul zum hässlichen Lachen verzog und die kleinen Augen unter den grauen langen Wimpern stechend hervorfunkelten: „Ei, nix Wetterglas, nix Wetterglas! – hab auch sköne Oke – sköne Oke!" – Entsetzt rief Nathanael: „Toller Mensch, wie kannst du Augen haben? – Augen – Augen?" Aber in dem Augenblick hatte Coppola seine Wettergläser beiseite gesetzt, griff in die weiten Rocktaschen und holte Lorgnetten und Brillen heraus, die er auf den Tisch legte. – „Nu – Nu – Brill – Brill auf der Nas su setze, das sein meine Oke – skö-

23

ne Oke!" – Und damit holte er immer mehr und mehr Brillen heraus, so, dass es auf dem ganzen Tisch seltsam zu flimmern und zu
funkeln begann. Tausend Augen blickten und zuckten krampfhaft
und starrten auf zum Nathanael; aber er konnte nicht wegschauen
von dem Tisch, und immer mehr Brillen legte Coppola hin, und   5
immer wilder und wilder sprangen flammende Blicke durcheinander und schossen ihre blutroten Strahlen in Nathanaels Brust.
Übermannt von tollem Entsetzen, schrie er auf: „Halt ein! halt ein,
fürchterlicher Mensch!" – Er hatte Coppola, der eben in die Tasche
griff, um noch mehr Brillen herauszubringen, unerachtet schon   10
der ganze Tisch überdeckt war, beim Arm festgepackt. Coppola
machte sich mit heiserem widrigen Lachen sanft los und mit den
Worten: „Ah! – nix für Sie – aber hier sköne Glas" – hatte er alle
Brillen zusammengerafft, eingesteckt und aus der Seitentasche des
Rocks eine Menge großer und kleiner Perspektive hervorgeholt.   15
Sowie die Brillen fort waren, wurde Nathanael ganz ruhig, und an
Clara denkend, sah er wohl ein, dass der entsetzliche Spuk nur aus
seinem Innern hervorgegangen, sowie dass Coppola ein höchst
ehrlicher Mechanikus und Optikus, keinesweges aber Coppelii
verfluchter Doppeltgänger und Revenant sein könne. Zudem hat- 20
ten alle Gläser, die Coppola nun auf den Tisch gelegt, gar nichts
Besonderes, am wenigsten so etwas Gespenstisches wie die Brillen
und, um alles wieder gutzumachen, beschloss Nathanael, dem
Coppola jetzt wirklich etwas abzukaufen. Er ergriff ein kleines,
sehr sauber gearbeitetes Taschenperspektiv und sah, um es zu prü- 25
fen, durch das Fenster. Noch im Leben war ihm kein Glas vorgekommen, das die Gegenstände so rein, scharf und deutlich dicht
vor die Augen rückte. Unwillkürlich sah er hinein in Spalanzanis
Zimmer; Olimpia saß, wie gewöhnlich, vor dem kleinen Tisch, die
Arme daraufgelegt, die Hände gefaltet. – Nun erschaute Nathanael 30
erst Olimpias wunderschön geformtes Gesicht. Nur die Augen
schienen ihm gar seltsam starr und tot. Doch wie er immer schärfer
und schärfer durch das Glas hinschaute, war es, als gingen in Olimpias Augen feuchte Mondesstrahlen auf. Es schien, als wenn nun
erst die Sehkraft entzündet würde; immer lebendiger und lebendi- 35
ger flammten die Blicke. Nathanael lag wie festgezaubert im Fenster, immer fort und fort die himmlisch schöne Olimpia betrach-
tend. Ein Räuspern und Scharren weckte ihn wie aus tiefem
Traum. Coppola stand hinter ihm: „Tre Zechini – drei Dukat" –
Nathanael hatte den Optikus rein vergessen, rasch zahlte er das   40
Verlangte. „Nick so? – sköne Glas – sköne Glas!", frug Coppola
mit seiner widerwärtigen heisern Stimme und dem hämischen
Lächeln. „Ja, ja, ja!", erwiderte Nathanael verdrießlich. „Adieu,

lieber Freund!" – Coppola verließ, nicht ohne viele seltsame Seitenblicke auf Nathanael, das Zimmer. Er hörte ihn auf der Treppe laut lachen. „Nun ja", meinte Nathanael, „er lacht mich aus, weil ich ihm das kleine Perspektiv gewiss viel zu teuer bezahlt habe – zu teuer bezahlt!" – Indem er diese Worte leise sprach, war es, als halle ein tiefer Todesseufzer grauenvoll durch das Zimmer, Nathanaels Atem stockte vor innerer Angst. – Er hatte ja aber selbst so aufgeseufzt, das merkte er wohl. „Clara", sprach er zu sich selber, „hat wohl Recht, dass sie mich für einen abgeschmackten Geisterseher hält; aber närrisch ist es doch – ach, wohl mehr als närrisch, dass mich der dumme Gedanke, ich hätte das Glas dem Coppola zu teuer bezahlt, noch jetzt so sonderbar ängstigt; den Grund davon sehe ich gar nicht ein." – Jetzt setzte er sich hin, um den Brief an Clara zu enden, aber ein Blick durchs Fenster überzeugte ihn, dass Olimpia noch dasäße, und im Augenblick, wie von unwiderstehlicher Gewalt getrieben, sprang er auf, ergriff Coppolas Perspektiv und konnte nicht los von Olimpias verführerischem Anblick, bis ihn Freund und Bruder Siegmund abrief ins Kollegium bei dem Professor Spalanzani. Die Gardine vor dem verhängnisvollen Zimmer war dicht zugezogen, er konnte Olimpia ebenso wenig hier als die beiden folgenden Tage hindurch in ihrem Zimmer entdecken, unerachtet er kaum das Fenster verließ und fortwährend durch Coppolas Perspektiv hinüberschaute. Am dritten Tage wurden sogar die Fenster verhängt. Ganz verzweifelt und getrieben von Sehnsucht und glühendem Verlangen, lief er hinaus vors Tor. Olimpias Gestalt schwebte vor ihm her in den Lüften und trat aus dem Gebüsch und guckte ihn an mit großen strahlenden Augen aus dem hellen Bach. Claras Bild war ganz aus seinem Innern gewichen, er dachte nichts als Olimpia und klagte ganz laut und weinerlich: „Ach, du mein hoher herrlicher Liebesstern, bist du mir denn nur aufgegangen, um gleich wieder zu verschwinden und mich zu lassen in finstrer hoffnungsloser Nacht?"

Als er zurückkehren wollte in seine Wohnung, wurde er in Spalanzanis Hause ein geräuschvolles Treiben gewahr. Die Türen standen offen, man trug allerlei Geräte hinein, die Fenster des ersten Stocks waren ausgehoben, geschäftige Mägde kehrten und stäubten, mit großen Haarbesen hin und her fahrend, inwendig klopften und hämmerten Tischler und Tapezierer. Nathanael blieb in vollem Erstaunen auf der Straße stehen; da trat Siegmund lachend zu ihm und sprach: „Nun, was sagst du zu unserem alten Spalanzani?" Nathanael versicherte, dass er gar nichts sagen könne, da er durchaus nichts vom Professor wisse, vielmehr mit großer Verwunderung wahrnehme, wie in dem stillen düstern

Hause ein tolles Treiben und Wirtschaften losgegangen; da erfuhr er denn von Siegmund, dass Spalanzani morgen ein großes Fest geben wolle, Konzert und Ball, und dass die halbe Universität eingeladen sei. Allgemein verbreite man, dass Spalanzani seine Tochter Olimpia, die er so lange jedem menschlichen Auge recht ängstlich entzogen, zum ersten Mal erscheinen lassen werde.

Nathanael fand eine Einladungskarte und ging mit hochklopfendem Herzen zur bestimmten Stunde, als schon die Wagen rollten und die Lichter in den geschmückten Sälen schimmerten, zum Professor. Die Gesellschaft war zahlreich und glänzend. Olimpia erschien sehr reich und geschmackvoll gekleidet. Man musste ihr schön geformtes Gesicht, ihren Wuchs bewundern. Der etwas seltsam eingebogene Rücken, die wespenartige Dünne des Leibes schien von zu starkem Einschnüren bewirkt zu sein. In Schritt und Stellung hatte sie etwas Abgemessenes und Steifes, das manchem unangenehm auffiel; man schrieb es dem Zwange zu, den ihr die Gesellschaft auflegte. Das Konzert begann. Olimpia spielte den Flügel mit großer Fertigkeit und trug ebenso eine Bravour-Arie mit heller, beinahe schneidender Glasglockenstimme vor. Nathanael war ganz entzückt; er stand in der hintersten Reihe und konnte im blendenden Kerzenlicht Olimpias Züge nicht ganz erkennen. Ganz unvermerkt nahm er deshalb Coppolas Glas hervor und schaute hin nach der schönen Olimpia. Ach! – da wurde er gewahr, wie sie voll Sehnsucht nach ihm herübersah, wie jeder Ton erst deutlich aufging in dem Liebesblick, der zündend sein Inneres durchdrang. Die künstlichen Rouladen schienen dem Nathanael das Himmelsjauchzen des in Liebe verklärten Gemüts, und als nun endlich nach der Kadenz der lange Trillo recht schmetternd durch den Saal gellte, konnte er, wie von glühenden Armen plötzlich erfasst, sich nicht mehr halten, er musste vor Schmerz und Entzücken laut aufschreien: „Olimpia!" – Alle sahen sich um nach ihm, manche lachten. Der Domorganist schnitt aber noch ein finstreres Gesicht als vorher und sagte bloß: „Nun nun!" – Das Konzert war zu Ende, der Ball fing an. „Mit ihr zu tanzen! – mit ihr!", das war nun dem Nathanael das Ziel aller Wünsche, alles Strebens; aber wie sich erheben zu dem Mut, sie, die Königin des Festes, aufzufordern? Doch! – er selbst wusste nicht, wie es geschah, dass er, als schon der Tanz angefangen, dicht neben Olimpia stand, die noch nicht aufgefordert worden, und dass er, kaum vermögend, einige Worte zu stammeln, ihre Hand ergriff. Eiskalt war Olimpias Hand, er fühlte sich durchbebt von grausigem Todesfrost, er starrte Olimpia ins Auge, das strahlte ihm voll Liebe und Sehnsucht entgegen, und in dem Augenblick war es auch, als fingen an in der kalten Hand Pulse zu schlagen und des Lebensblutes Ströme zu glühen. Und auch in Nathanaels Innerm glühte höher auf die Liebeslust, er umschlang die schöne Olimpia und durchflog mit ihr die Reihen. – Er glaubte sonst recht taktmäßig getanzt zu haben, aber an der ganz eignen rhythmischen Festigkeit, womit Olimpia tanzte und die ihn oft ordentlich aus der Haltung brachte, merkte er bald, wie sehr ihm der Takt gemangelt. Er wollte jedoch mit keinem andern Frauenzimmer mehr tanzen und hätte jeden, der sich Olimpia näherte, um sie aufzufordern, nur gleich ermorden mögen. Doch nur zweimal geschah dies, zu seinem Erstaunen blieb darauf Olimpia bei jedem Tanze sitzen, und er ermangelte nicht, immer wieder sie aufzuziehen. Hätte Nathanael außer der schönen Olimpia noch etwas anders zu sehen vermocht, so wäre allerlei fataler Zank und Streit unvermeidlich gewesen; denn offenbar ging das halbleise, mühsam unterdrückte Gelächter, das sich in diesem und jenem Winkel unter den jungen Leuten erhob, auf die schöne Olimpia, die sie mit ganz kuriosen Blicken verfolgten, man konnte gar nicht wissen, warum. Durch den Tanz und durch den reichlich genossenen Wein erhitzt, hatte Nathanael alle ihm sonst eigne Scheu abgelegt. Er saß neben Olimpia, ihre Hand in der seinigen, und sprach hoch entflammt und begeistert von seiner Liebe in Worten, die keiner verstand, weder er noch Olimpia. Doch diese vielleicht; denn sie sah ihm unverrückt ins Auge und seufzte einmal übers andere: „Ach – Ach – Ach!" – worauf denn Nathanael also sprach: „O du herrliche, himmlische Frau! – Du Strahl aus dem verheißenen Jenseits der Liebe – du tiefes Gemüt, in dem sich mein ganzes Sein spiegelt" und noch mehr dergleichen, aber Olimpia seufzte bloß immer wieder: „Ach, Ach!" – Der Professor Spalanzani ging einige Mal bei den Glücklichen vorüber und lächelte sie ganz seltsam zufrieden an. Dem Nathanael schien es, unerachtet er sich in einer ganz andern Welt befand, mit einem Mal, als würd es hienieden beim Professor Spalanzani merklich finster; er schaute um sich und wurde zu seinem nicht geringen Schreck gewahr, dass eben die zwei letzten Lichter in dem leeren Saal herniederbrennen und ausgehen wollten. Längst hatten Musik und Tanz aufgehört. „Trennung, Trennung", schrie er ganz wild und verzweifelt, er küsste Olimpias Hand, er neigte sich zu ihrem Munde, eiskalte Lippen begegneten seinen glühenden! – So wie, als er Olimpias kalte Hand berührte, fühlte er sich von innerem Grausen erfasst, die Legende von der toten Braut ging ihm plötzlich durch den Sinn; aber fest hatte ihn Olimpia an sich gedrückt, und in dem Kuss schienen die Lippen zum Leben zu erwärmen. – Der Professor Spalanzani schritt langsam durch den leeren Saal, seine Schritte klangen hohl wider, und seine Figur, von flackernden Schlagschatten umspielt, hatte ein grauliches gespenstisches Ansehen. „Liebst du mich – Liebst du mich, Olimpia? – Nur dies Wort! – Liebst du mich?" So flüsterte Nathanael, aber Olimpia seufzte, indem sie aufstand, nur: „Ach – Ach!" „Ja du mein holder, herrlicher Liebesstern", sprach Nathanael, „bist mir aufgegangen und wirst leuchten, wirst verklären mein Inneres immerdar!" „Ach, ach!", replizierte Olimpia fortschreitend. Nathanael folgte ihr, sie standen vor dem Professor. „Sie haben sich außerordentlich lebhaft mit meiner Tochter unterhalten", sprach dieser lächelnd, „nun, nun, lieber Herr Nathanael, finden Sie Geschmack daran, mit dem blöden Mädchen zu konversieren, so sollen mir Ihre Besuche willkommen sein." – Einen ganzen hellen strahlenden Himmel in der Brust, schied Nathanael von dannen. Spalanzanis Fest war der Gegenstand des Gesprächs in den folgenden Tagen. Unerachtet der Professor alles getan hatte, recht splendid zu erscheinen, so wussten doch die lustigen Köpfe von allerlei Unschicklichem und Sonderbarem zu erzählen, das sich begeben, und vorzüglich fiel man über die todstarre, stumme Olimpia her, der man, ihres schönen Äußern unerachtet, totalen Stumpfsinn andichten und darin die Ursache finden wollte, warum Spalanzani sie so lange verborgen gehalten. Nathanael vernahm das nicht ohne innern Grimm, indessen schwieg er; denn, dachte er, würde es wohl verlohnen, diesen Burschen zu beweisen, dass eben ihr eigner Stumpfsinn es ist, der sie Olimpias tiefes herrliches Gemüt zu erkennen hindert? „Tu mir den Gefallen, Bruder", sprach eines Tages Siegmund, „tu mir den Gefallen und sage, wie es dir gescheuten Kerl möglich war, dich in das Wachsgesicht, in die Holzpuppe da drüben zu vergaffen?" Nathanael wollte zornig auffahren, doch schnell besann er sich und erwiderte: „Sage du mir, Siegmund, wie deinem sonst alles Schöne klar auffassenden Blick, deinem regen Sinn Olimpias himmlischer Liebreiz entgehen konnte? Doch eben deshalb habe ich, Dank sei es dem Geschick, dich nicht zum Nebenbuhler; denn sonst müsste einer von uns blutend fallen." Siegmund merkte wohl, wie es mit dem Freunde stand, lenkte geschickt ein und fügte, nachdem er geäußert, dass in der Liebe niemals über den Gegenstand zu richten sei, hinzu: „Wunderlich ist es doch, dass viele von uns über Olimpia ziemlich gleich urteilen. Sie ist uns – nimm es nicht übel, Bruder! – auf seltsame Weise starr und seelenlos erschienen. Ihr Wuchs ist regelmäßig, so wie ihr Gesicht, das ist wahr! – Sie könnte für schön gelten, wenn ihr Blick nicht so ganz ohne Le-

bensstrahl, ich möchte sagen, ohne Sehkraft wäre. Ihr Schritt ist
sonderbar abgemessen, jede Bewegung scheint durch den Gang
eines aufgezogenen Räderwerks bedingt. Ihr Spiel, ihr Singen hat
den unangenehm richtigen geistlosen Takt der singenden Ma-
schine, und ebenso ist ihr Tanz. Uns ist diese Olimpia ganz unheimlich geworden, wir mochten nichts mit ihr zu schaffen haben, es war uns, als tue sie nur so wie ein lebendiges Wesen und
doch habe es mit ihr eine eigne Bewandtnis." – Nathanael gab
sich dem bittern Gefühl, das ihn bei diesen Worten Siegmunds
ergreifen wollte, durchaus nicht hin, er wurde Herr seines Un-
muts und sagte bloß sehr ernst: „Wohl mag euch, ihr kalten prosaischen Menschen, Olimpia unheimlich sein. Nur dem poetischen Gemüt entfaltet sich das gleich organisierte! – Nur mir
ging ihr Liebesblick auf und durchstrahlte Sinn und Gedanken,
nur in Olimpias Liebe finde ich mein Selbst wieder. Euch mag es
nicht recht sein, dass sie nicht in platter Konversation faselt wie
die andern flachen Gemüter. Sie spricht wenig Worte, das ist
wahr; aber diese wenigen Worte erscheinen als echte Hieroglyphe der innern Welt voll Liebe und hoher Erkenntnis des geistigen Lebens in der Anschauung des ewigen Jenseits. Doch für alles
das habt ihr keinen Sinn, und alles sind verlorne Worte." „Behüte
dich Gott, Herr Bruder", sagte Siegmund sehr sanft, beinahe
wehmütig, „aber mir scheint es, du seist auf bösem Wege. Auf
mich kannst du rechnen, wenn alles – Nein, ich mag nichts weiter
sagen! –" Dem Nathanael war es plötzlich, als meine der kalte
prosaische Siegmund es sehr treu mit ihm, er schüttelte daher die
ihm dargebotene Hand recht herzlich. –

Nathanael hatte rein vergessen, dass es eine Clara in der Welt
gebe, die er sonst geliebt; – die Mutter – Lothar – alle waren aus
seinem Gedächtnis entschwunden, er lebte nur für Olimpia, bei
der er täglich stundenlang saß und von seiner Liebe, von zum Leben erglühter Sympathie, von psychischer Wahlverwandtschaft
phantasierte, welches alles Olimpia mit großer Andacht anhörte.
Aus dem tiefsten Grunde des Schreibpults holte Nathanael alles
hervor, was er jemals geschrieben. Gedichte, Phantasien, Visionen, Romane, Erzählungen, das wurde täglich vermehrt mit allerlei ins Blaue fliegenden Sonetten, Stanzen, Kanzonen, und das alles las er der Olimpia stundenlang hintereinander vor, ohne zu ermüden. Aber auch noch nie hatte er eine solche herrliche Zuhöre-
rin gehabt. Sie stickte und strickte nicht, sie sah nicht durchs
Fenster, sie fütterte keinen Vogel, sie spielte mit keinem
Schoßhündchen, mit keiner Lieblingskatze, sie drehte kein Pa-
pierschnitzchen oder sonst etwas in der Hand, sie durfte kein

Gähnen durch einen leisen erzwungenen Husten bezwingen – kurz! – stundenlang sah sie mit starrem Blick unverwandt dem Geliebten ins Auge, ohne sich zu rücken und zu bewegen, und immer glühender, immer lebendiger wurde dieser Blick. Nur wenn Nathanael endlich aufstand und ihr die Hand, auch wohl den Mund küsste, sagte sie: „Ach, Ach!" – dann aber: „Gute Nacht, mein Lieber!" – „O du herrliches, du tiefes Gemüt", rief Nathanael auf seiner Stube, „nur von dir, von dir allein werd ich ganz verstanden." Er erbebte vor innerm Entzücken, wenn er bedachte, welch wunderbarer Zusammenklang sich in seinem und Olimpias Gemüt täglich mehr offenbare; denn es schien ihm, als habe Olimpia über seine Werke, über seine Dichtergabe überhaupt recht tief aus seinem Innern gesprochen, ja als habe die Stimme aus seinem Innern selbst herausgetönt. Das musste denn wohl auch sein; denn mehr Worte, als vorhin erwähnt, sprach Olimpia niemals. Erinnerte sich aber auch Nathanael in hellen nüchternen Augenblicken, z. B. morgens gleich nach dem Erwachen, wirklich an Olimpias gänzliche Passivität und Wortkargheit, so sprach er doch: „Was sind Worte – Worte! – Der Blick ihres himmlischen Auges sagt mehr als jede Sprache hienieden. Vermag denn überhaupt ein Kind des Himmels sich einzuschichten in den engen Kreis, den ein klägliches irdisches Bedürfnis gezogen?" – Professor Spalanzani schien hocherfreut über das Verhältnis seiner Tochter mit Nathanael; er gab diesem allerlei unzweideutige Zeichen seines Wohlwollens, und als es Nathanael endlich wagte, von ferne auf eine Verbindung mit Olimpia anzuspielen, lächelte dieser mit dem ganzen Gesicht und meinte, er werde seiner Tochter völlig freie Wahl lassen. – Ermutigt durch diese Worte, brennendes Verlangen im Herzen, beschloss Nathanael, gleich am folgenden Tage Olimpia anzuflehen, dass sie das unumwunden in deutlichen Worten ausspreche, was längst ihr holder Liebesblick ihm gesagt, dass sie sein eigen immerdar sein wolle. Er suchte nach dem Ringe, den ihm beim Abschiede die Mutter geschenkt, um ihn Olimpia als Symbol seiner Hingebung, seines mit ihr aufkeimenden, blühenden Lebens darzureichen. Claras, Lothars Briefe fielen ihm dabei in die Hände; gleichgültig warf er sie beiseite, fand den Ring, steckte ihn ein und rannte herüber zu Olimpia. Schon auf der Treppe, auf dem Flur, vernahm er ein wunderliches Getöse; es schien aus Spalanzanis Studierzimmer herauszuschallen. – Ein Stampfen – ein Klirren – ein Stoßen – Schlagen gegen die Tür, dazwischen Flüche und Verwünschungen. „Lass los – lass los – Infamer – Verruchter! – Darum Leib und Leben darangesetzt? – ha ha ha ha! – so haben wir nicht gewettet – ich, ich hab die Augen gemacht – ich das Räderwerk – dummer Teufel mit deinem Räderwerk – verfluchter Hund von einfältigem Uhrmacher – fort mit dir – Satan – halt – Peipendreher – teuflische Bestie! – halt – fort – lass los!" Es waren Spalanzanis und des grässlichen Coppelius Stimmen, die so durcheinander schwirrten und tobten. Hinein stürzte Nathanael, von namenloser Angst ergriffen. Der Professor hatte eine weibliche Figur bei den Schultern gepackt, der Italiener Coppola bei den Füßen, die zerrten und zogen sie hin und her, streitend in voller Wut um den Besitz. Voll tiefen Entsetzens prallte Nathanael zurück, als er die Figur für Olimpia erkannte; aufflammend in wildem Zorn wollte er den Wütenden die Geliebte entreißen, aber in dem Augenblick wand Coppola, sich mit Riesenkraft drehend, die Figur dem Professor aus den Händen und versetzte ihm mit der Figur selbst einen fürchterlichen Schlag, dass er rücklings über den Tisch, auf dem Phiolen, Retorten, Flaschen, gläserne Zylinder standen, taumelte und hinstürzte; alles Gerät klirrte in tausend Scherben zusammen. Nun warf Coppola die Figur über die Schulter und rannte mit fürchterlich gellendem Gelächter rasch fort die Treppe herab, sodass die hässlich herunterhängenden Füße der Figur auf den Stufen hölzern klapperten und dröhnten. – Erstarrt stand Nathanael – nur zu deutlich hatte er gesehen, Olimpias toderbleichtes Wachsgesicht hatte keine Augen, statt ihrer schwarze Höhlen; sie war eine leblose Puppe. Spalanzani wälzte sich auf der Erde, Glasscherben hatten ihm Kopf, Brust und Arm zerschnitten, wie aus Springquellen strömte das Blut empor. Aber er raffte seine Kräfte zusammen. – „Ihm nach – ihm nach, was zauderst du? – Coppelius – Coppelius, mein bestes Automat hat er mir geraubt – Zwanzig Jahre daran gearbeitet – Leib und Leben darangesetzt – das Räderwerk – Sprache – Gang – mein – die Augen – die Augen dir gestohlen. – Verdammter – Verfluchter – ihm nach – hol mir Olimpia – da hast du die Augen! –" Nun sah Nathanael, wie ein Paar blutige Augen, auf dem Boden liegend, ihn anstarrten, die ergriff Spalanzani mit der unverletzten Hand und warf sie nach ihm, dass sie seine Brust trafen. – Da packte ihn der Wahnsinn mit glühenden Krallen und fuhr in sein Inneres hinein, Sinn und Gedanken zerreißend. „Hui – hui – hui! – Feuerkreis – Feuerkreis! dreh dich Feuerkreis – lustig – lustig! – Holzpüppchen, hui, schön Holzpüppchen, dreh dich, –" damit warf er sich auf den Professor und drückte ihm die Kehle zu. Er hätte ihn erwürgt, aber das Getöse hatte viele Menschen herbeigelockt, die drangen ein, rissen den wütenden Nathanael auf und retteten so den Professor, der gleich verbunden wurde. Siegmund, so stark er war, vermochte nicht den Rasenden zu bändigen; der schrie mit fürchterlicher Stimme immerfort: „Holzpüppchen, dreh dich" und schlug um sich mit geballten Fäusten. Endlich gelang es der vereinten Kraft mehrerer, ihn zu überwältigen, indem sie ihn zu Boden warfen und banden. Seine Worte gingen unter in entsetzlichem tierischen Gebrüll. So in grässlicher Raserei tobend, wurde er nach dem Tollhause gebracht. –

Ehe ich, günstiger Leser! dir zu erzählen fortfahre, was sich weiter mit dem unglücklichen Nathanael zugetragen, kann ich dir, solltest du einigen Anteil an dem geschickten Mechanikus und Automat-Fabrikanten Spalanzani nehmen, versichern, dass er von seinen Wunden völlig geheilt wurde. Er musste indes die Universität verlassen, weil Nathanaels Geschichte Aufsehen erregt hatte und es allgemein für gänzlich unerlaubten Betrug gehalten wurde, vernünftigen Teezirkeln (Olimpia hatte sie mit Glück besucht) statt der lebendigen Person eine Holzpuppe einzuschwärzen. Juristen nannten es sogar einen feinen und umso härter zu bestrafenden Betrug, als er gegen das Publikum gerichtet und so schlau angelegt worden, dass kein Mensch (ganz kluge Studenten ausgenommen) es gemerkt habe, unerachtet jetzt alle weise tun und sich auf allerlei Tatsachen berufen wollten, die ihnen verdächtig vorgekommen. Diese letzteren brachten aber eigentlich nichts Gescheutes zutage. Denn konnte z. B. wohl irgendjemandem verdächtig vorgekommen sein, dass nach der Aussage eines eleganten Teeisten Olimpia gegen alle Sitte öfter genieset als gegähnt hatte? Ersteres, meinte der Elegant, sei das Selbstaufziehen des verborgenen Triebwerks gewesen, merklich habe es dabei geknarrt usw. Der Professor der Poesie und Beredsamkeit nahm eine Prise, klappte die Dose zu, räusperte sich und sprach feierlich: „Hochzuverehrende Herren und Damen! merken Sie denn nicht, wo der Hase im Pfeffer liegt? Das Ganze ist eine Allegorie – eine fortgeführte Metapher! – Sie verstehen mich! – Sapienti sat!" Aber viele hochzuverehrende Herren beruhigten sich nicht dabei; die Geschichte mit dem Automat hatte tief in ihrer Seele Wurzel gefasst, und es schlich sich in der Tat abscheuliches Misstrauen gegen menschliche Figuren ein. Um nun ganz überzeugt zu werden, dass man keine Holzpuppe liebe, wurde von mehrern Liebhabern verlangt, dass die Geliebte etwas taktlos singe und tanze, dass sie beim Vorlesen sticke, stricke, mit dem Möpschen spiele usw., vor allen Dingen aber, dass sie nicht bloß höre, sondern auch manchmal in der Art spreche, dass dies Sprechen wirklich ein Denken und Empfinden voraussetze. Das Liebesbündnis vieler wurde fester und dabei anmutiger, andere dagegen gingen leise auseinander. „Man kann wahrhaftig nicht dafür stehen", sagte dieser und jener. In den Tees wurde unglaublich gegähnt und niemals genieset, um jedem Verdacht zu begegnen. – Spalanzani musste, wie gesagt, fort, um der Kriminaluntersuchung wegen der menschlichen Gesellschaft betrüglicherweise eingeschobenen Automats zu entgehen. Coppola war auch verschwunden. –

Nathanael erwachte wie aus schwerem, fürchterlichem Traum, er schlug die Augen auf und fühlte, wie ein unbeschreibliches Wonnegefühl mit sanfter himmlischer Wärme ihn durchströmte. Er lag in seinem Zimmer in des Vaters Hause auf dem Bette. Clara hatte sich über ihn hingebeugt, und unfern standen die Mutter und Lothar. „Endlich, endlich, o mein herzlieber Nathanael – nun bist du genesen von schwerer Krankheit – nun bist du wieder mein!" – So sprach Clara recht aus tiefer Seele und fasste den Nathanael in ihre Arme. Aber dem quollen vor lauter Wehmut und Entzücken die hellen glühenden Tränen aus den Augen und er stöhnte tief auf: „Meine – meine Clara!" – Siegmund, der getreulich ausgeharrt bei dem Freunde in großer Not, trat herein. Nathanael reichte ihm die Hand: „Du treuer Bruder hast mich doch nicht verlassen." – Jede Spur des Wahnsinns war verschwunden, bald erkräftigte sich Nathanael in der sorglichen Pflege der Mutter, der Geliebten, der Freunde. Das Glück war unterdessen in das Haus eingekehrt; denn ein alter karger Oheim, von dem niemand etwas gehofft, war gestorben und hatte der Mutter nebst einem nicht unbedeutenden Vermögen ein Gütchen in einer angenehmen Gegend unfern der Stadt hinterlassen. Dort wollten sie hinziehen, die Mutter, Nathanael mit seiner Clara, die er nun zu heiraten gedachte, und Lothar. Nathanael war milder, kindlicher geworden, als er je gewesen, und erkannte nun erst recht Claras himmlisch reines, herrliches Gemüt. Niemand erinnerte ihn auch nur durch den leisesten Anklang an die Vergangenheit. Nur als Siegmund von ihm schied, sprach Nathanael: „Bei Gott, Bruder! ich war auf schlimmem Wege, aber zu rechter Zeit leitete mich ein Engel auf den lichten Pfad! – Ach, es war ja Clara! –" Siegmund ließ ihn nicht weiterreden, aus Besorgnis, tief verletzende Erinnerungen möchten ihm zu hell und flammend aufgehen. – Es war an der Zeit, dass die vier glücklichen Menschen nach dem Gütchen ziehen wollten. Zur Mittagsstunde gingen sie durch die Straßen der Stadt. Sie hatten manches eingekauft, der hohe Ratsturm warf seinen Riesenschatten über den Markt. „Ei!", sagte Clara: „steigen wir doch noch einmal herauf und schauen in das ferne Gebirge hinein!" Gesagt, getan! Beide, Nathanael und Clara, stiegen herauf, die Mutter ging mit der Dienstmagd nach Hause, und Lothar, nicht geneigt, die

33

vielen Stufen zu erklettern, wollte unten warten. Da standen die
beiden Liebenden Arm in Arm auf der höchsten Galerie des Tur-
mes und schauten hinein in die duftigen Waldungen, hinter denen
das blaue Gebirge wie eine Riesenstadt sich erhob.

„Sieh doch den sonderbaren kleinen grauen Busch, der ordentlich auf uns loszuschreiten scheint", sprach Clara. – Nathanael fasste mechanisch nach der Seitentasche; er fand Coppolas Perspektiv, er schaute seitwärts – Clara stand vor dem Glase! –
Da zuckte es krampfhaft in seinen Pulsen und Adern – toten-
bleich starrte er Clara an, aber bald glühten und sprühten Feuer-
ströme durch die rollenden Augen, grässlich brüllte er auf wie
ein gehetztes Tier; dann sprang er hoch in die Lüfte, und grausig
dazwischen lachend, schrie er in schneidendem Ton: „Holzpüppchen dreh dich – Holzpüppchen dreh dich" – und mit ge-
waltiger Kraft fasste er Clara und wollte sie herabschleudern,
aber Clara krallte sich in verzweifelnder Todesangst fest an das
Geländer. Lothar hörte den Rasenden toben, er hörte Claras
Angstgeschrei, grässliche Ahnung durchflog ihn, er rannte herauf, die Tür der zweiten Treppe war verschlossen – stärker hall-
te Claras Jammergeschrei. Unsinnig vor Wut und Angst stieß er
gegen die Tür, die endlich aufsprang – Matter und matter wurden nun Claras Laute: „Hilfe – rettet – rettet –" so erstarb die
Stimme in den Lüften. „Sie ist hin – ermordet von dem Rasenden", so schrie Lothar. Auch die Tür zur Galerie war zugeschla-
gen. – Die Verzweiflung gab ihm Riesenkraft, er sprengte die
Tür aus den Angeln. Gott im Himmel – Clara schwebte, von
dem rasenden Nathanael erfasst, über der Galerie in den Lüften – nur mit einer Hand hatte sie noch die Eisenstäbe umklam-
mert. Rasch wie der Blitz erfasste Lothar die Schwester, zog sie
hinein und schlug in demselben Augenblick mit geballter Faust
dem Wütenden ins Gesicht, dass er zurückprallte und die Todes-
beute fahren ließ.

Lothar rannte herab, die ohnmächtige Schwester in den Armen. – Sie war gerettet. – Nun raste Nathanael herum auf der
Galerie und sprang hoch in die Lüfte und schrie „Feuerkreis
dreh dich – Feuerkreis dreh dich" – Die Menschen liefen auf
das wilde Geschrei zusammen; unter ihnen ragte riesengroß der
Advokat Coppelius hervor, der eben in die Stadt gekommen und
gerades Weges nach dem Markt geschritten war. Man wollte herauf, um sich des Rasenden zu bemächtigen, da lachte Coppelius,
sprechend: „Ha ha – wartet nur, der kommt schon herunter von
selbst", und schaute wie die Übrigen hinauf. Nathanael blieb
plötzlich wie erstarrt stehen, er bückte sich herab, wurde den

Coppelius gewahr, und mit dem gellenden Schrei: „Ha! Sköne Oke – Sköne Oke", sprang er über das Geländer. –

Als Nathanael mit zerschmettertem Kopf auf dem Steinpflaster lag, war Coppelius im Gewühl verschwunden. –

5 Nach mehreren Jahren will man in einer entfernten Gegend Clara gesehen haben, wie sie mit einem freundlichen Mann Hand in Hand vor der Türe eines schönen Landhauses saß und vor ihr zwei muntre Knaben spielten. Es wäre daraus zu schließen, dass Clara das ruhige häusliche Glück noch fand, das ihrem heitern le-
10 benslustigen Sinn zusagte und das ihr der im Innern zerrissene Nathanael niemals hätte gewähren können.

Leser unwissend zurückgelassen/verwirrend/unsicher
- Hat Coppelius nur im Kopf von Nathanael existiert oder wer ist er real existiert
- Ist er der Sandmann? Ist er real oder nicht?

Schauerromantik: Nachtseite der Romantik

moderne Erzählweise, beunruhigende Atmosphäre, Sicherheit des auktorialen Erzählers wird genommen, Motive: Augen, Feuer, Doppelgänger Coppelius + Coppola, Gläser

deLimirend, faszinierend

DAS ÖDE HAUS

– Man war darüber einig, dass die wirklichen Erscheinungen im Leben oft viel wunderbarer sich gestalteten als alles, was die regste Phantasie zu erfinden trachte. „Ich meine", sprach Lelio, „dass die Geschichte davon hinlänglichen Beweis gibt und dass eben deshalb die so genannten historischen Romane, worin der Verfasser in seinem müßigen Gehirn bei ärmlichem Feuer ausgebrütete Kindereien den Taten der ewigen, im Universum waltenden Macht beizugesellen sich unterfängt, so abgeschmackt und widerlich sind." „Es ist", nahm Franz das Wort, „die tiefe Wahrheit der unerforschlichen Geheimnisse, von denen wir umgeben, welche uns mit einer Gewalt ergreift, an der wir den über uns herrschenden, uns selbst bedingenden Geist erkennen." „Ach!", fuhr Lelio fort, „die Erkenntnis, von der du sprichst! – Ach, das ist ja eben die entsetzlichste Folge unserer Entartung nach dem Sündenfall, dass diese Erkenntnis uns fehlt!" „Viele", unterbrach Franz den Freund, „viele sind berufen und wenige auserwählt! Glaubst du denn nicht, dass das Erkennen, das beinahe noch schönere Ahnen der Wunder unseres Lebens manchem verliehen ist wie ein besonderer Sinn? Um nur gleich aus der dunklen Region, in die wir uns verlieren könnten, heraufzuspringen in den heitern Augenblick, werf ich euch das skurrile Gleichnis hin, dass Menschen, denen die Sehergabe, das Wunderbare zu schauen, mir wohl wie die Fledermäuse bedünken wollen, an denen der gelehrte Anatom Spalanzani einen vortrefflichen sechsten Sinn entdeckte, der als schalkhafter Stellvertreter nicht allein alles, sondern viel mehr ausrichtet als alle übrigen Sinne zusammengenommen." „Ho ho", rief Franz lächelnd, „so wären denn die Fledermäuse eigentlich recht die gebornen natürlichen Somnambulen! Doch in dem heitern Augenblick, dessen du gedachtest, will ich Posto fassen und bemerken, jener sechste bewundrungswürdige Sinn vermag an jeder Erscheinung, sei es Person, Tat oder Begebenheit, sogleich dasjenige Exzentrische zu schauen, zu dem wir in unserm gewöhnlichen Leben keine Gleichung finden und es daher wunderbar nennen. Was ist denn aber gewöhnliches Leben? – Ach, das Drehen in dem engen Kreise, an den unsere Nase überall stößt, und doch will man wohl Kurbetten versuchen im taktmäßigen Passgang des Alltagsgeschäfts. Ich kenne jemanden, dem jene Sehergabe, von der wir sprechen, ganz vorzüglich eigen scheint. Daher kommt es, dass er oft unbekannten Menschen, die irgendetwas Verwunderliches in Gang, Kleidung, Ton, Blick haben, tagelang nachläuft, dass er über eine Begebenheit, über eine Tat,

leichthin erzählt, keiner Beachtung wert und von niemandem be-
achtet, tiefsinnig wird, dass er antipodische Dinge zusammenstellt
und Beziehungen herausphantasiert, an die niemand denkt." Lelio rief laut: „Halt, halt, das ist ja unser Theodor, der ganz was Besonderes im Kopfe zu haben scheint, da er mit solch seltsamen
Blicken in das Blaue herausschaut." „In der Tat", fing Theodor an,
der so lange geschwiegen, „in der Tat waren meine Blicke seltsam,
solang darin der Reflex des wahrhaft Seltsamen, das ich im Geiste
schaute. Die Erinnerung eines unlängst erlebten Abenteuers" –
„O erzähle, erzähle", unterbrachen ihn die Freunde. „Erzählen",
fuhr Theodor fort, „möcht ich wohl, doch muss ich zuvörderst
dir, lieber Lelio, sagen, dass du die Beispiele, die meine Sehergabe
dartun sollten, ziemlich schlecht wähltest. Aus Eberhards Synonymik musst du wissen, dass wunderlich alle Äußerungen
der Erkenntnis und des Begehrens genannt werden, die sich durch
keinen vernünftigen Grund rechtfertigen lassen, wunderbar
aber dasjenige heißt, was man für unmöglich, für unbegreiflich
hält, was die bekannten Kräfte der Natur zu übersteigen, oder wie
ich hinzufüge, ihrem gewöhnlichen Gange entgegen zu sein
scheint. Daraus wirst du entnehmen, dass du vorhin rücksichts
meiner angeblichen Sehergabe das Wunderliche mit dem Wunderbaren verwechseltest. Aber gewiss ist es, dass das anscheinend
Wunderliche aus dem Wunderbaren sprosst und dass wir nur oft
den wunderbaren Stamm nicht sehen, aus dem die wunderlichen
Zweige mit Blättern und Blüten hervorsprossen. In dem Abenteuer, das ich euch mitteilen will, mischt sich beides, das Wunderliche und Wunderbare, auf, wie mich dünkt, recht schauerliche
Weise." Mit diesen Worten zog Theodor sein Taschenbuch hervor, worin er, wie die Freunde wussten, allerlei Notizen von seiner Reise her eingetragen hatte, und erzählte, dann und wann in
dies Buch hineinblickend, folgende Begebenheit, die der weiteren
Mitteilung nicht unwert scheint.

Ihr wisst (so fing Theodor an), dass ich den ganzen vorigen
Sommer in ***n zubrachte. Die Menge alter Freunde und Bekannten, die ich vorfand, das freie gemütliche Leben, die mannig-
fachen Anregungen der Kunst und der Wissenschaft, das alles
hielt mich fest. Nie war ich heitrer, und meiner alten Neigung, oft
allein durch die Straßen zu wandeln und mich an jedem aus-
gehängten Kupferstich, an jedem Anschlagzettel zu ergötzen oder
die mir begegnenden Gestalten zu betrachten, ja wohl manchem
in Gedanken das Horoskop zu stellen, hing ich hier mit Leiden-
schaft nach, da nicht allein der Reichtum der ausgestellten Werke
der Kunst und des Luxus, sondern der Anblick der vielen herrli-

chen Prachtgebäude unwiderstehlich mich dazu antrieb. Die mit
Gebäuden jener Art eingeschlossene Allee, welche nach dem
***ger Tore führt, ist der Sammelplatz des höheren, durch Stand
oder Reichtum zum üppigeren Lebensgenuss berechtigten Publi-
kums. In dem Erdgeschoss der hohen breiten Paläste werden meis-
tenteils Waren des Luxus feilgeboten, indes in den obern Stock-
werken Leute der beschriebenen Klasse hausen. Die vornehmsten
Gasthäuser liegen in dieser Straße, die fremden Gesandten wohnen meistens darin, und so könnt ihr denken, dass hier ein besonderes Leben und Regen mehr als in irgendeinem andern Teile der
Residenz stattfinden muss, die sich eben auch hier volkreicher
zeigt, als sie es wirklich ist. Das Zudrängen nach diesem Orte
macht es, dass mancher sich mit einer kleineren Wohnung, als sein
Bedürfnis eigentlich erfordert, begnügt, und so kommt es, dass
manches von mehreren Familien bewohnte Haus einem Bienen-
korbe gleicht. Schon oft war ich die Allee durchwandelt, als mir
eines Tages plötzlich ein Haus ins Auge fiel, das auf ganz wunderliche seltsame Weise von allen übrigen abstach. Denkt euch ein
niedriges, vier Fenster breites, von zwei hohen schönen Gebäuden eingeklemmtes Haus, dessen Stock über dem Erdgeschoss
nur wenig über die Fenster im Erdgeschoss des nachbarlichen
Hauses hervorragt, dessen schlecht verwahrtes Dach, dessen zum
Teil mit Papier verklebte Fenster, dessen farblose Mauern von
gänzlicher Verwahrlosung des Eigentümers zeugen. Denkt euch,
wie solch ein Haus zwischen mit geschmackvollem Luxus aus-
staffierten Prachtgebäuden sich ausnehmen muss. Ich blieb stehen
und bemerkte bei näherer Betrachtung, dass alle Fenster dicht verzogen waren, ja dass vor die Fenster des Erdgeschosses eine Mauer aufgeführt schien, dass die gewöhnliche Glocke an dem Torwege, der, an der Seite angebracht, zugleich zur Haustüre diente,
fehlte und dass an dem Torwege selbst nirgends ein Schloss, ein
Drücker zu entdecken war. Ich wurde überzeugt, dass dieses
Haus ganz unbewohnt sein müsse, da ich niemals, niemals, sooft
und zu welcher Tageszeit ich auch vorübergehen mochte, auch
nur die Spur eines menschlichen Wesens darin wahrnahm. Ein un-
bewohntes Haus in dieser Gegend der Stadt! Eine wunderliche
Erscheinung, und doch findet das Ding vielleicht darin seinen
natürlichen einfachen Grund, dass der Besitzer, auf einer lange
dauernden Reise begriffen oder auf fernen Gütern hausend, dies
Grundstück weder vermieten noch veräußern mag, um, nach
***n zurückkehrend, augenblicklich seine Wohnung dort auf-
schlagen zu können. – So dacht' ich, und doch weiß ich selbst
nicht, wie es kam, dass, bei dem öden Hause vorüberschreitend,

ich jedes Mal wie festgebannt stehen bleiben und mich in ganz ver-
wunderliche Gedanken nicht sowohl vertiefen als verstricken
musste. – Ihr wisst es ja alle, ihr wackern Kumpane meines fröhli-
chen Jugendlebens, ihr wisst es ja alle, wie ich mich von jeher als
Geisterseher gebärdete und wie mir nur einer wunderbaren Welt
seltsame Erscheinungen ins Leben treten wollten, die ihr mit der-
bem Verstande wegzuleugnen wusstet! – Nun! zieht nur eure
schlauen spitzfindigen Gesichter, wie ihr wollt, gern zugestehen
darf ich ja, dass ich oft mich selbst recht arg mystifiziert habe und
dass mit dem öden Hause sich dasselbe ereignen zu wollen schien,
aber – am Ende kommt die Moral, die euch zu Boden schlägt,
horcht nur auf!– Zur Sache! – Eines Tages, und zwar in der Stunde, wenn der gute Ton gebietet, in der Allee auf und ab zu gehen,
stehe ich, wie gewöhnlich, in tiefen Gedanken hinstarrend, vor
dem öden Hause. Plötzlich bemerke ich, ohne gerade hinzusehen,
dass jemand neben mir sich hingestellt und den Blick auf mich gerichtet hatte. Es ist Graf P., der sich schon in vieler Hinsicht als
mir geistesverwandt kundgetan hat, und sogleich ist mir nichts gewisser, als dass auch ihm das Geheimnisvolle des Hauses aufgegangen war. Umso mehr fiel es mir auf, dass, als ich von dem seltsamen Eindruck sprach, den dies verödete Gebäude hier in der be-
lebtesten Gegend der Residenz auf mich gemacht hatte, er sehr
ironisch lächelte, bald war aber alles erklärt. Graf P. war viel weiter gegangen als ich, aus manchen Bemerkungen, Kombinationen
etc. hatte er die Bewandtnis herausgefunden, die es mit dem Hause hatte, und eben diese Bewandtnis lief auf eine solche ganz seltsame Geschichte heraus, die nur die lebendigste Phantasie des
Dichters ins Leben treten lassen konnte. Es wäre wohl recht, dass
ich euch die Geschichte des Grafen, die ich noch klar und deutlich
im Sinn habe, mitteilte, doch schon jetzt fühle ich mich durch das,
was sich wirklich mit mir zutrug, so gespannt, dass ich unaufhaltsam fortfahren muss. Wie war aber dem guten Grafen zumute, als
er, mit der Geschichte fertig, erfuhr, dass das verödete Haus nichts
anders enthalte, als die Zuckerbäckerei des Konditors, dessen
prachtvoll eingerichteter Laden dicht anstieß. Daher waren die
Fenster des Erdgeschosses, wo die Öfen eingerichtet, vermauert
und die zum Aufbewahren des Gebacknen im obern Stock bestimmten Zimmer mit dicken Vorhängen gegen Sonne und Unge-
ziefer verwahrt. Ich erfuhr, als der Graf mir dies mitteilte, so wie
er, die Wirkung des Sturzbades, oder es zupfte wenigstens der allem Poetischen feindliche Dämon den Süßträumenden empfind-
lich und schmerzhaft bei der Nase. – Unerachtet der prosaischen
Aufklärung musste ich doch noch immer vorübergehend nach

dem öden Hause hinschauen, und noch immer gingen im leisen
Frösteln, das mir durch die Glieder bebte, allerlei seltsame Gebil-
de von dem auf, was dort verschlossen. Durchaus konnte ich mich
nicht an den Gedanken der Zuckerbäckerei, des Marzipans, der
Bonbons, der Torten, der eingemachten Früchte usw. gewöhnen.
Eine seltsame Ideen-Kombination ließ mir das alles erscheinen
wie süßes beschwichtigendes Zureden. Ungefähr: „Erschrecken
Sie nicht, Bester! wir alle sind liebe süße Kinderchen, aber der
Donner wird gleich ein bisschen einschlagen." Dann dachte ich
wieder: „Bist du nicht ein recht wahnsinniger Tor, dass du das Ge-
wöhnlichste in das Wunderbare zu ziehen trachtest, schelten deine Freunde dich nicht mit Recht einen überspannten Geisterseher?" – Das Haus blieb, wie es bei der angeblichen Bestimmung
auch nicht anders sein konnte, immer unverändert, und so geschah es, dass mein Blick sich daran gewöhnte und die tollen Gebilde, die sonst ordentlich aus den Mauern hervorzuschweben
schienen, allmählich verschwanden. Ein Zufall weckte alles, was
eingeschlummert, wieder auf. – Dass, unerachtet ich mich, so gut
es gehen wollte, ins Alltägliche gefügt hatte, ich doch nicht unter-
ließ, das fabelhafte Haus im Auge zu behalten, das könnt ihr euch
bei meiner Sinnesart, die nun einmal mit frommer ritterlicher
Treue am Wunderbaren festhält, wohl denken. So geschah es, dass
ich eines Tages, als ich wie gewöhnlich zur Mittagsstunde in der
Allee lustwandelte, meinen Blick auf die verhängten Fenster des
öden Hauses richtete. Da bemerkte ich, dass die Gardine an dem
letzten Fenster dicht neben dem Konditorladen sich zu bewegen
begann. Eine Hand, ein Arm kam zum Vorschein. Ich riss meinen
Operngucker heraus und gewahrte nun deutlich die blendend
weiße, schön geformte Hand eines Frauenzimmers, an deren kleinem Finger ein Brillant mit ungewöhnlichem Feuer funkelte, ein
reiches Band blitzte an dem in üppiger Schönheit gerundeten
Arm. Die Hand setzte eine hohe seltsam geformte Kristallflasche
hin auf die Fensterbank und verschwand hinter dem Vorhange.
Erstarrt blieb ich stehen, ein sonderbar bänglich wonniges Gefühl
durchströmte mit elektrischer Wärme mein Inneres, unverwandt
blickte ich herauf nach dem verhängnisvollen Fenster, und wohl
mag ein sehnsuchtsvoller Seufzer meiner Brust entflohen sein. Ich
wurde endlich wach und fand mich umringt von vielen Menschen
allerlei Standes, die so wie ich mit neugierigen Gesichtern herauf-
guckten. Das verdross mich, aber gleich fiel mir ein, dass jedes
Hauptstadtvolk jenem gleiche, das zahllos vor dem Hause ver-
sammelt, nicht zu gaffen und sich darüber zu verwundern auf-
hören konnte, dass eine Schlafmütze aus dem sechsten Stock he-

rabgestürzt, ohne eine Masche zu zerreißen. – Ich schlich mich leise fort, und der prosaische Dämon flüsterte mir sehr vernehmlich in die Ohren, dass soeben die reiche, sonntäglich geschmückte Konditorsfrau eine geleerte Flasche feinen Rosenwassers o. s. auf die Fensterbank gestellt. – Seltner Fall! – mir kam urplötzlich ein sehr gescheuter Gedanke. – Ich kehrte um und geradezu ein in den leuchtenden Spiegelladen des dem öden Hause nachbarlichen Konditors. – Mit kühlendem Atem den heißen Schaum von der Schokolade wegblasend, fing ich leicht hingeworfen an: „In der Tat, Sie haben da nebenbei Ihre Anstalt sehr schön erweitert." – Der Konditor warf noch schnell ein paar bunte Bonbons in die Viertel-Tüte, und diese dem lieblichen Mädchen, das darnach verlangt, hinreichend, lehnte er sich mit aufgestemmtem Arm weit über den Ladentisch herüber und schaute mich mit solch lächelnd fragendem Blick an, als habe er mich gar nicht verstanden. Ich wiederholte, dass er sehr zweckmäßig in dem benachbarten Hause seine Bäckerei angelegt, wiewohl das dadurch verödete Gebäude in der lebendigen Reihe der übrigen düster und traurig absteche. „Ei mein Herr!", fing nun der Konditor an, „wer hat Ihnen denn gesagt, dass das Haus nebenan uns gehört? – Leider blieb jeder Versuch, es zu akquirieren, vergebens, und am Ende mag es auch gut sein, denn mit dem Hause nebenan hat es eine eigne Bewandtnis." – Ihr, meine treuen Freunde, könnt wohl denken, wie mich des Konditors Antwort spannte und wie sehr ich ihn bat, mir mehr von dem Hause zu sagen. „Ja, mein Herr!", sprach er, „recht Sonderliches weiß ich selbst nicht davon, so viel ist aber gewiss, dass das Haus der Gräfin von S. gehört, die auf ihren Gütern lebt und seit vielen Jahren nicht in ***n gewesen ist. Als noch keins der Prachtgebäude existierte, die jetzt unsere Straße zieren, stand dies Haus, wie man mir erzählt hat, schon in seiner jetzigen Gestalt da, und seit der Zeit wurd es nur gerade vor dem gänzlichen Verfall gesichert. Nur zwei lebendige Wesen hausen darin, ein steinalter menschenfeindlicher Hausverwalter und ein grämlicher lebenssatter Hund, der zuweilen auf dem Hinterhofe den Mond anheult. Nach der allgemeinen Sage soll es in dem öden Gebäude hässlich spuken, und in der Tat, mein Bruder (der Besitzer des Ladens) und ich, wir beide haben in der Stille der Nacht, vorzüglich zur Weihnachtszeit, wenn uns unser Geschäft hier im Laden wach erhielt, oft seltsame Klagelaute vernommen, die offenbar sich hier hinter der Mauer im Nebenhause erhoben. Und dann fing es an so hässlich zu scharren und zu rumoren, dass uns beiden ganz graulich zumute wurde. Auch ist es nicht lange her, dass sich zur Nachtzeit ein solch sonderbarer Gesang hören ließ, den ich Ihnen nun gar nicht beschreiben kann. Es war offenbar die Stimme eines alten Weibes, die wir vernahmen, aber die Töne waren so gellend klar und liefen in bunten Kadenzen und langen schneidenden Trillern so hoch hinauf, wie ich es, unerachtet ich doch in Italien, Frankreich und Deutschland so viel Sängerinnen gekannt, noch nie gehört habe. Mir war so, als würden französische Worte gesungen, doch konnt' ich das nicht genau unterscheiden und überhaupt das tolle gespenstige Singen nicht lange anhören, denn mir standen die Haare zu Berge. Zuweilen, wenn das Geräusch auf der Straße nachlässt, hören wir auch in der hintern Stube tiefe Seufzer und dann ein dumpfes Lachen, das aus dem Boden hervorzudröhnen scheint, aber das Ohr an die Wand gelegt, vernimmt man bald, dass es eben auch im Hause nebenan so seufzt und lacht. – Bemerken Sie – (er führte mich in das hintere Zimmer und zeigte durchs Fenster) bemerken Sie jene eiserne Röhre, die aus der Mauer hervorragt, die raucht zuweilen so stark, selbst im Sommer, wenn doch gar nicht geheizt wird, dass mein Bruder schon oft wegen Feuersgefahr mit dem alten Hausverwalter gezankt hat, der sich aber damit entschuldigt, dass er sein Essen koche, was der aber essen mag, das weiß der Himmel, denn oft verbreitet sich, eben wenn jene Röhre recht stark raucht, ein sonderbarer, ganz eigentümlicher Geruch." – Die Glastüre des Ladens knarrte, der Konditor eilte hinein und warf mir, nach der hineingetretenen Figur hinnickend, einen bedeutenden Blick zu. – Ich verstand ihn vollkommen. Konnte denn die sonderbare Gestalt jemand anders sein als der Verwalter des geheimnisvollen Hauses? – Denkt euch einen kleinen dürren Mann mit einem mumienfarbnen Gesichte, spitzer Nase, zusammengekniffenen Lippen, grün funkelnden Katzenaugen, stetem wahnsinnigem Lächeln, altmodig mit aufgetürmtem Toupee und Klebelöckchen frisiertem stark gepudertem Haar, großem Haarbeutel, Postillon d'Amour, kaffeebraunem altem verbleichtem, doch wohlgeschontem, gebürstetem Kleide, grauen Strümpfen, großen abgestumpften Schuhen mit Steinschnällchen. Denkt euch, dass diese kleine dürre Figur doch, vorzüglich was die übergroßen Fäuste mit langen starken Fingern betrifft, robust geformt ist und kräftig nach dem Ladentisch hinschreitet, dann aber stets lächelnd und starr hinschauend nach den in Kristallgläsern aufbewahrten Süßigkeiten mit ohnmächtiger klagender Stimme herausweint: „Ein paar eingemachte Pomeranzen – ein paar Makronen – ein paar Zuckerkastanien etc." Denkt euch das und urteilt selbst, ob hier Grund war, Seltsames zu ahnen oder nicht. Der Konditor suchte alles, was der Alte gefordert, zusammen. „Wiegen Sie, wiegen Sie, verehrter Herr Nachbar", jam-

42

merte der seltsame Mann, holte ächzend und keuchend einen kleinen ledernen Beutel aus der Tasche und suchte mühsam Geld hervor. Ich bemerkte, dass das Geld, als er es auf den Ladentisch auf-
zählte, aus verschiedenen alten, zum Teil schon ganz aus dem gewöhnlichen Cours gekommenen Münzsorten bestand. Er tat
dabei sehr kläglich und murmelte: „Süß – süß – süß soll nun alles
sein – süß meinethalben; der Satan schmiert seiner Braut Honig
ums Maul – puren Honig." Der Konditor schaute mich lachend an
und sprach dann zu dem Alten: „Sie scheinen nicht recht wohl zu
sein, ja, ja das Alter, das Alter, die Kräfte nehmen ab immer mehr
und mehr." Ohne die Miene zu ändern, rief der Alte mit erhöhter
Stimme: „Alter? – Alter? – Kräfte abnehmen? – Schwach – matt
werden! Ho ho – ho ho – ho ho!" Und damit schlug er die Fäuste
zusammen, dass die Gelenke knackten, und sprang, in der Luft
ebenso gewaltig die Füße zusammenklappend, hoch auf, dass der
ganze Laden dröhnte und alle Gläser zitternd erklangen. Aber in
dem Augenblick erhob sich auch ein grässliches Geschrei, der Alte hatte den schwarzen Hund getreten, der, hinter ihm hergeschli-
chen, dicht an seine Füße geschmiegt auf dem Boden lag. „Verruchte Bestie! satanischer Höllenhund", stöhnte leise im vorigen
Ton der Alte, öffnete die Tüte und reichte dem Hunde eine große
Makrone hin. Der Hund, der in ein menschliches Weinen ausgebrochen, war sogleich still, setzte sich auf die Hinterpfoten und
knabberte an der Makrone wie ein Eichhörnchen. Beide waren zu
gleicher Zeit fertig, der Hund mit seiner Makrone, der Alte mit
dem Verschließen und Einstecken seiner Tüte. „Gute Nacht, verehrter Herr Nachbar", sprach er jetzt, reichte dem Konditor die
Hand und drückte die des Konditors so, dass er laut aufschrie vor
Schmerz. „Der alte schwächliche Greis wünscht Ihnen eine gute
Nacht, bester Herr Nachbar Konditor", wiederholte er dann und
schritt zum Laden heraus, hinter ihm der schwarze Hund, mit der
Zunge die Makronenreste vom Maule wegleckend. Mich schien
der Alte gar nicht bemerkt zu haben, ich stand da ganz erstarrt vor
Erstaunen. „Sehn Sie", fing der Konditor an, „sehen Sie, so treibt
es der wunderliche Alte hier zuweilen, wenigstens in vier Wochen
zwei-, dreimal, aber nichts ist aus ihm herauszubringen, als dass er
ehemals Kammerdiener des Grafen von S. war, dass er jetzt hier
das Haus verwaltet und jeden Tag (schon seit vielen Jahren) die
Gräflich S-sche Familie erwartet, weshalb auch nichts vermietet
werden kann. Mein Bruder ging ihm einmal zu Leibe wegen des
wunderlichen Getöns zur Nachtzeit, da sprach er aber sehr gelassen: „Ja! – die Leute sagen alle, es spuke im Hause, glauben Sie es
aber nicht, es tut nicht wahr sein." – Die Stunde war gekommen,

in der der gute Ton gebot, diesen Laden zu besuchen, die Tür öffnete sich, elegante Welt strömte hinein, und ich konnte nicht weiterfragen. –

So viel stand nun fest, dass die Nachrichten des Grafen P. über das Eigentum und die Benutzung des Hauses falsch waren, dass der alte Verwalter dasselbe seines Leugnens unerachtet nicht allein bewohnte und dass ganz gewiss irgendein Geheimnis vor der Welt dort verhüllt werden sollte. Musste ich denn nicht die Erzählung von dem seltsamen, schauerlichen Gesange mit dem Erscheinen des schönen Arms am Fenster in Verbindung setzen? Der Arm saß nicht, konnte nicht sitzen an dem Leibe eines alten verschrumpften Weibes, der Gesang nach des Konditors Beschreibung nicht aus der Kehle des jungen blühenden Mädchens kommen. Doch für das Merkzeichen des Arms entschieden, konnt' ich leicht mich selbst überreden, dass vielleicht nur eine akustische Täuschung die Stimme alt und gellend klingen lassen und dass ebenso vielleicht nur des vom Graulichen befangenen Konditors trügliches Ohr die Töne so vernommen. – Nun dacht' ich an den Rauch, den seltsamen Geruch, an die wunderlich geformte Kristallflasche, die ich sah, und bald stand das Bild eines herrlichen, aber in verderblichen Zauberdingen befangenen Geschöpfs mir lebendig vor Augen. Der Alte wurde mir zum fatalen Hexenmeister, zum verdammten Zauberkerl, der vielleicht ganz unabhängig von der Gräflich S-schen Familie geworden, nun auf seine eigne Hand in dem veröderten Hause Unheil bringendes Wesen trieb. Meine Phantasie war im Arbeiten, und noch in selbiger Nacht, nicht sowohl im Traum als im Delirieren des Einschlafens, sah ich deutlich die Hand mit dem funkelnden Diamant am Finger, den Arm mit der glänzenden Spange. Wie aus dünnen grauen Nebeln trat nach und nach ein holdes Antlitz mit wehmütig flehenden blauen Himmelsaugen, dann die ganze wunderherrliche Gestalt eines Mädchens in voller anmutiger Jugendblüte hervor. Bald bemerkte ich, dass das, was ich für Nebel hielt, der feine Dampf war, der aus der Kristallflasche, die die Gestalt in den Händen hielt, in sich kreiselndem Gewirbel emporstieg. „O du holdes Zauberbild", rief ich voll Entzücken, „o du holdes Zauberbild, tu es mir kund, wo du weilst, was dich gefangen hält? – O wie du mich so voll Wehmut und Liebe anblickst! – Ich weiß es, die schwarze Kunst ist es, die dich befangen, du bist die unglückselige Sklavin des boshaften Teufels, der herumwandelt kaffeebraun und behaarbeutelt in Zuckerladen und in gewaltigen Sprüngen alles zerschmeißen will und Höllenhunde tritt, die er mit Makronen füttert, nachdem sie den satanischen Murki im Fünfachteltakt abgeheult. – O ich weiß ja alles, du holdes, anmutiges Wesen! – Der Diamant ist der Reflex innerer Glut! – ach hättst du ihn nicht mit deinem Herzblut getränkt, wie könnt er so funkeln, so tausendfarbig strahlen in den allerherrlichsten Liebestönen, die je ein Sterblicher vernommen. – Aber ich weiß es wohl, das Band, das deinen Arm umschlingt, ist das Glied einer Kette, von der der Kaffeebraune spricht, sie sei magnetisch. – Glaub es nicht, Herrliche! – ich sehe ja, wie sie herabhängt in die von blauem Feuer glühende Retorte. – Die werf ich um, und du bist befreit! – Weiß ich denn nicht alles – weiß ich denn nicht alles, du Liebliche? Aber nun, Jungfrau! – nun öffne den Rosenmund, o sage" – In dem Augenblick griff eine knotige Faust über meine Schulter weg nach der Kristallflasche, die, in tausend Stücke zersplittert, in der Luft verstäubte. Mit einem leisen Ton dumpfer Wehklage war die anmutige Gestalt verschwunden in finstrer Nacht. – Ha! – ich merk es an euerm Lächeln, dass ihr schon wieder in mir den träumerischen Geisterseher findet, aber versichern kann ich euch, dass der ganze Traum, wollt ihr nun einmal nicht abgehen von dieser Benennung, den vollendeten Charakter der Vision hatte. Doch da ihr fortfahrt, mich so im prosaischen Unglauben anzulächeln, so will ich lieber gar nichts mehr davon sagen, sondern nur rasch weitergehen. – Kaum war der Morgen angebrochen, als ich voll Unruhe und Sehnsucht nach der Allee lief und mich hinstellte vor das öde Haus! – Außer den innern Vorhängen waren noch dichte Jalousien vorgezogen. Die Straße war noch völlig menschenleer, ich trat dicht an die Fenster des Erdgeschosses und horchte und horchte, aber kein Laut ließ sich hören, still blieb es wie im tiefen Grabe. – Der Tag kam herauf, das Gewerbe rührte sich, ich musste fort. Was soll ich euch damit ermüden, wie ich viele Tage hindurch das Haus zu jeder Zeit umschlich, ohne auch nur das Mindeste zu entdecken, wie alle Erkundigung, alles Forschen zu keiner bestimmten Notiz führte und wie endlich das schöne Bild meiner Vision zu verblassen begann. – Endlich, als ich einst, am späten Abend von einem Spaziergange heimkehrend, bei dem öden Hause herangekommen, bemerkte ich, dass das Tor halb geöffnet war; ich schritt heran, der Kaffeebraune guckte heraus. Mein Entschluss war gefasst. „Wohnt nicht der Geheime Finanzrat Binder hier in diesem Hause?" So frug ich den Alten, indem ich, ihn beinahe zurückdrängend, in den von einer Lampe matt erleuchteten Vorsaal trat. Der Alte blickte mich an mit seinem stehenden Lächeln und sprach leise und gezogen: „Nein, d e r wohnt nicht hier, hat niemals hier gewohnt, wird niemals hier wohnen, wohnt auch in der ganzen Allee nicht. – Aber die Leute sagen, es spuke hier in diesem Hause, jedoch kann ich versichern, dass es nicht wahr ist, es ist ein ruhiges, hübsches Haus, und morgen zieht die gnädige Gräfin von S. ein und – Gute Nacht, mein lieber Herr!" Damit manövrierte mich der Alte zum Hause hinaus und verschloss hinter mir das Tor. Ich vernahm, wie er keuchend und hustend mit dem klirrenden Schlüsselbunde über den Flur wegscharrte und dann Stufen, wie mir vorkam, h e r a b stieg. Ich hatte in der kurzen Zeit so viel bemerkt, dass der Flur mit alten bunten Tapeten behängt und wie ein Saal mit großen, mit rotem Damast beschlagenen Lehnsesseln möbliert war, welches denn doch ganz verwunderlich aussah.

Nun gingen, wie geweckt durch mein Eindringen in das geheimnisvolle Haus, die Abenteuer auf! – Denkt euch, denkt euch, sowie ich den andern Tag in der Mittagsstunde die Allee durchwandere und mein Blick schon in der Ferne sich unwillkürlich nach dem öden Hause richtet, sehe ich an dem letzten Fenster des obern Stocks etwas schimmern. – Näher getreten, bemerke ich, dass die äußere Jalousie ganz, der innere Vorhang halb aufgezogen ist. Der Diamant funkelt mir entgegen. – O Himmel! gestützt auf den Arm, blickt mich wehmütig flehend jenes Antlitz meiner Vision an. – War es möglich, in der auf- und abwogenden Masse stehen zu bleiben? – In dem Augenblick fiel mir die Bank ins Auge, die für die Lustwandler in der Allee in der Richtung des öden Hauses, wiewohl man sich darauf niederlassend dem Hause den Rücken kehrte, angebracht war. Schnell sprang ich in die Allee, und mich über die Lehne der Bank wegbeugend, konnt' ich nun ungestört nach dem verhängnisvollen Fenster schauen. Ja! Sie war es, das anmutige, holdselige Mädchen, Zug für Zug! – Nur schien ihr Blick ungewiss. – Nicht nach mir, wie es vorhin schien, blickte sie, vielmehr hatten die Augen etwas Todstarres, und die Täuschung eines lebhaft gemalten Bildes wäre möglich gewesen, hätten sich nicht Arm und Hand zuweilen bewegt. Ganz versunken in den Anblick des verwunderlichen Wesens am Fenster, das mein Innerstes so seltsam aufregte, hatte ich nicht die quäkende Stimme des italienischen Tabulettkrämers gehört, der mir vielleicht schon lange unaufhörlich seine Waren anbot. Er zupfte mich endlich am Arm; schnell mich umdrehend, wies ich ihn ziemlich hart und zornig ab. Er ließ aber nicht nach mit Bitten und Quälen. Noch gar nichts habe er heute verdient, nur ein paar Bleifedern, ein Bündelchen Zahnstocher möge ich ihm abkaufen. Voller Ungeduld, den Überlästigen nur geschwind loszuwerden, griff ich in die Tasche nach dem Geldbeutel. Mit den Worten: „Auch hier hab ich noch schöne Sachen!", zog er den untern Schub seines Kastens

heraus und hielt mir einen kleinen runden Taschenspiegel, der in
dem Schub unter andern Gläsern lag, in kleiner Entfernung seitwärts vor. – Ich erblickte das öde Haus hinter mir, das Fenster und
in den schärfsten deutlichsten Zügen die holde Engelsgestalt meiner Vision – Schnell kauft' ich den kleinen Spiegel, der mir es nun
möglich machte, in bequemer Stellung, ohne den Nachbarn auf-
zufallen, nach dem Fenster hinzuschauen. – Doch, indem ich nun
länger und länger das Gesicht im Fenster anblickte, wurd' ich von
einem seltsamen, ganz unbeschreiblichen Gefühl, das ich beinahe
waches Träumen nennen möchte, befangen. Mir war es, als lähme
eine Art Starrsucht nicht sowohl mein ganzes Regen und Bewegen als vielmehr nur meinen Blick, den ich nun niemals mehr würde abwenden können von dem Spiegel. Mit Beschämung muss ich
euch bekennen, dass mir jenes Ammenmärchen einfiel, womit
mich in früher Kindheit meine Wartfrau augenblicklich zu Bette
trieb, wenn ich mich etwa gelüsten ließ, abends vor dem großen
Spiegel in meines Vaters Zimmer stehen zu bleiben und hineinzu-
gucken. Sie sagte nämlich, wenn Kinder nachts in den Spiegel
blickten, gucke ein fremdes, garstiges Gesicht heraus, und der
Kinder Augen blieben dann erstarrt stehen. Mir war das ganz ent-
setzlich graulich, aber in vollem Grausen konnt' ich doch oft nicht
unterlassen, wenigstens nach dem Spiegel hinzublinzeln, weil ich
neugierig war auf das fremde Gesicht. Einmal glaubt' ich ein Paar
grässliche glühende Augen aus dem Spiegel fürchterlich heraus-
funkeln zu sehen, ich schrie auf und stürzte dann ohnmächtig nieder. In diesem Zufall brach eine langwierige Krankheit aus, aber
noch jetzt ist es mir, als hätten jene Augen mich wirklich angefun-
kelt. – Kurz, alles dieses tolle Zeug aus meiner frühen Kindheit fiel
mir ein, Eiskälte bebte durch meine Adern – ich wollte den Spiegel von mir schleudern – ich vermocht' es nicht – nun blickten
mich die Himmelsaugen der holden Gestalt an – ja, ihr Blick war
auf mich gerichtet und strahlte bis ins Herz hinein. Jenes Grausen,
das mich plötzlich ergriffen, ließ von mir ab und gab Raum dem
wonnigen Schmerz süßer Sehnsucht, die mich mit elektrischer
Wärme durchglühte. „Sie haben da einen niedlichen Spiegel",
sprach eine Stimme neben mir. Ich erwachte aus dem Traum und
war nicht wenig betroffen, als ich neben mir von beiden Seiten
mich zweideutig anlächelnde Gesichter erblickte. Mehrere Personen hatten auf derselben Bank Platz genommen, und nichts war
gewisser, als dass ich ihnen mit dem starren Hineinblicken in den
Spiegel und vielleicht auch mit einigen seltsamen Gesichtern, die
ich in meinem exaltierten Zustande schnitt, auf meine Kosten ein
ergötzliches Schauspiel gegeben. „Sie haben da einen niedlichen

Spiegel", wiederholte der Mann, als ich nicht antwortete, mit einem Blick, der jener Frage noch hinzufügte: „Aber sagen Sie mir, was soll das wahnsinnige Hineinstarren, erscheinen Ihnen Geister" etc. Der Mann, schon ziemlich hoch in Jahren, sehr sauber gekleidet, hatte im Ton der Rede, im Blick etwas ungemein Gutmütiges und Zutrauen Erweckendes. Ich nahm gar keinen Anstand, ihm geradehin zu sagen, dass ich im Spiegel ein wundervolles Mädchen erblickt, das hinter mir im Fenster des öden Hauses gelegen.– Noch weiter ging ich, ich fragte den Alten, ob er nicht auch das holde Antlitz gesehen. „Dort drüben? – in dem alten Hause – in dem letzten Fenster?", so fragte mich nun wieder ganz verwundert der Alte. „Allerdings, allerdings", sprach ich; da lächelte der Alte sehr und fing an: „Nun, das ist doch eine wunderliche Täuschung – nun, meine alten Augen – Gott ehre mir meine alten Augen. Ei ei, mein Herr, wohl habe ich mit unbewaffnetem Auge das hübsche Gesicht dort im Fenster gesehen, aber es war ja ein, wie es mir schien, recht gut und lebendig in Öl gemaltes Porträt." Schnell drehte ich mich um nach dem Fenster, alles war verschwunden, die Jalousie heruntergelassen. „Ja!", fuhr der Alte fort, „ja, mein Herr, nun ist's zu spät, sich davon zu überzeugen, denn eben nahm der Bediente, der dort, wie ich weiß, als Kastellan das Absteigequartier der Gräfin von S. ganz allein bewohnt, das Bild, nachdem er es abgestäubt, vom Fenster fort und ließ die Jalousie herunter." „War es denn gewiss ein Bild?", fragte ich nochmals ganz bestürzt. „Trauen Sie meinen Augen", erwiderte der Alte. „Dass Sie nur den Reflex des Bildes im Spiegel sahen, vermehrte gewiss sehr die optische Täuschung und – wie ich noch in Ihren Jahren war, hätt ich nicht auch das Bild eines schönen Mädchens kraft meiner Phantasie ins Leben gerufen?" „Aber Hand und Arm bewegten sich doch", fiel ich ein. „Ja, ja, sie regten sich, alles regte sich", sprach der Alte, lächelnd und sanft mich auf die Schulter klopfend. Dann stand er auf und verließ mich, höflich sich verbeugend, mit den Worten: „Nehmen Sie sich doch vor Taschenspiegeln in Acht, die so hässlich lügen. – Ganz gehorsamster Diener." – Ihr könnt denken, wie mir zumute war, als ich mich so als einen törichten, blödsichtigen Phantasten behandelt sah. Mir kam die Überzeugung, dass der Alte Recht hatte, und dass nur in mir selbst das tolle Gaukelspiel aufgegangen, das mich mit dem öden Hause zu meiner eignen Beschämung so garstig mystifizierte.

Ganz voller Unmut und Verdruss lief ich nach Hause, fest entschlossen, mich ganz loszusagen von jedem Gedanken an die Mysterien des öden Hauses und wenigstens einige Tage hindurch die Allee zu vermeiden. Dies hielt ich treulich, und kam noch hinzu, dass mich den Tag über dringend gewordene Geschäfte am Schreibtisch, an den Abenden aber geistreiche fröhliche Freunde in ihrem Kreise festhielten, so musst' es wohl geschehen, dass ich beinahe gar nicht mehr an jene Geheimnisse dachte. Nur begab es sich in dieser Zeit, dass ich zuweilen aus dem Schlaf auffuhr, wie plötzlich durch äußere Berührung geweckt, und dann war es mir doch deutlich, dass nur der Gedanke an das geheimnisvolle Wesen, das ich in meiner Vision und in dem Fenster des öden Hauses erblickt, mich geweckt hatte. Ja, selbst während der Arbeit, während der lebhaftesten Unterhaltung mit meinen Freunden durchfuhr mich oft plötzlich, ohne weitern Anlass, jener Gedanke wie ein elektrischer Blitz. Doch waren dies nur schnell vorübergehende Momente. Den kleinen Taschenspiegel, der mir so täuschend das anmutige Bildnis reflektiert, hatte ich zum prosaischen Hausbedarf bestimmt. Ich pflegte mir vor demselben die Halsbinde festzuknüpfen. So geschah es, dass er mir, als ich einst dies wichtige Geschäft abtun wollte, blind schien und ich ihn nach bekannter Methode anhauchte, um ihn dann hellzupolieren. – Alle meine Pulse stockten, mein Innerstes bebte vor wonnigem Grauen! – ja, so muss ich das Gefühl nennen, das mich übermannte, als ich, sowie mein Hauch den Spiegel überlief, im bläulichen Nebel das holde Antlitz sah, das mich mit jenem wehmütigen, das Herz durchbohrenden Blick anschaute! – Ihr lacht? – Ihr seid mit mir fertig, ihr haltet mich für einen unheilbaren Träumer, aber sprecht, denkt was ihr wollt, genug, die Holde blickte mich an aus dem Spiegel, aber sowie der Hauch zerrann, verschwand das Gesicht in dem Funkeln des Spiegels. – Ich will euch nicht ermüden, ich will euch nicht herzählen alle Momente, die sich, einer aus dem andern, entwickelten. Nur so viel will ich sagen, dass ich unaufhörlich die Versuche mit dem Spiegel erneuerte, dass es mir oft gelang, das geliebte Bild durch meinen Hauch hervorzurufen, dass aber manchmal die angestrengtesten Bemühungen ohne Erfolg blieben. Dann rannte ich wie wahnsinnig auf und ab vor dem öden Hause und starrte in die Fenster, aber kein menschliches Wesen wollte sich zeigen. – Ich lebte nur in dem Gedanken an sie, alles Übrige war abgestorben für mich, ich vernachlässigte meine Freunde, meine Studien. – Dieser Zustand, wollte er in mildern Schmerz, in träumerische Sehnsucht übergehen, ja schien es, als wolle das Bild an Leben und Kraft verlieren, wurde oft bis zur höchsten Spitze gesteigert durch Momente, an die ich noch jetzt mit tiefem Entsetzen denke. – Da ich von einem S e e l e n zustande rede, der mich hätte ins Verderben stürzen können, so ist für euch,

49

ihr Ungläubigen, da nichts zu belächeln und zu bespötteln, hört und fühlt mit mir, was ich ausgestanden. – Wie gesagt, oft, wenn jenes Bild ganz verblasst war, ergriff mich ein körperliches Übelbefinden, die Gestalt trat, wie sonst niemals, mit einer Lebendigkeit, mit einem Glanz hervor, dass ich sie zu erfassen wähnte. Aber dann kam es mir auf grauliche Weise vor, ich sei selbst die Gestalt und von den Nebeln des Spiegels umhüllt und umschlossen. Ein empfindlicher Brustschmerz und dann gänzliche Apathie endigte den peinlichen Zustand, der immer eine das innerste Mark wegzehrende Erschöpfung hinterließ. In diesen Momenten misslang jeder Versuch mit dem Spiegel, hatte ich mich aber erkräftigt, und trat dann das Bild wieder lebendig aus dem Spiegel hervor, so mag ich nicht leugnen, dass sich damit ein besonderer, mir sonst fremder physischer Reiz verband. – Diese ewige Spannung wirkte gar verderblich auf mich ein, blass wie der Tod und zerstört im ganzen Wesen schwankte ich umher, meine Freunde hielten mich für krank, und ihre ewigen Mahnungen brachten mich endlich dahin, über meinen Zustand, so wie ich es nur vermochte, ernstlich nachzusinnen. War es Absicht oder Zufall, dass einer der Freunde, welcher Arzneikunde studierte, bei einem Besuch Reils Buch über Geisteszerrüttungen zurückließ. Ich fing an zu lesen, das Werk zog mich unwiderstehlich an, aber wie ward mir, als ich in allem, was über fixen Wahnsinn gesagt wird, mich selbst wieder fand! – Das tiefe Entsetzen, das ich, mich selbst auf dem Wege zum Tollhause erblickend, empfand, brachte mich zur Besinnung und zum festen Entschluss, den ich rasch ausführte. Ich steckte meinen Taschenspiegel ein und eilte schnell zu dem Doktor K., berühmt durch seine Behandlung und Heilung der Wahnsinnigen durch sein tieferes Eingehen in das psychische Prinzip, welches oft sogar körperliche Krankheiten hervorzubringen und wieder zu heilen vermag. Ich erzählte ihm alles, ich verschwieg ihm nicht den kleinsten Umstand und beschwor ihn, mich zu retten, von dem ungeheuern Schicksal, von dem bedroht ich mich glaubte. Er hörte mich sehr ruhig an, doch bemerkte ich wohl in seinem Blick tiefes Erstaunen. „Noch", fing er an, „noch ist die Gefahr keinesweges so nahe, als Sie glauben, und ich kann mit Gewissheit behaupten, dass ich sie ganz abzuwenden vermag. Dass Sie auf unerhörte Weise psychisch angegriffen sind, leidet gar keinen Zweifel, aber die völlige klare Erkenntnis dieses Angriffs irgendeines bösen Prinzips gibt Ihnen selbst die Waffen in die Hand, sich dagegen zu wehren. Lassen Sie mir Ihren Taschenspiegel, zwingen Sie sich zu irgendeiner Arbeit, die Ihre Geisteskräfte in Anspruch nimmt, meiden Sie die Allee, arbeiten Sie von der Frühe an, so lange Sie es nur auszuhalten vermögen, dann aber, nach einem tüchtigen Spaziergange, fort in die Gesellschaft Ihrer Freunde, die Sie so lange vermisst. Essen Sie nahrhafte Speisen, trinken Sie starken, kräftigen Wein. Sie sehen, dass ich bloß die fixe Idee, das heißt, die Erscheinung des Sie betörenden Antlitzes im Fenster des öden Hauses und im Spiegel vertilgen, Ihren Geist auf andere Dinge leiten und Ihren Körper stärken will. Stehen Sie selbst meiner Absicht redlich bei." – Es wurde mir schwer, mich von dem Spiegel zu trennen, der Arzt, der ihn schon genommen, schien es zu bemerken, er hauchte ihn an und frug, indem er mir ihn vorhielt: „Sehen Sie etwas?" „Nicht das Mindeste", erwiderte ich, wie es sich auch in der Tat verhielt. „Hauchen Sie den Spiegel an", sprach dann der Arzt, indem er mir den Spiegel in die Hand gab. Ich tat es, das Wunderbild trat deutlicher als je hervor. „Da ist sie", rief ich laut. Der Arzt schaute hinein und sprach dann: „Ich sehe nicht das Mindeste, aber nicht verhehlen mag ich Ihnen, dass ich in dem Augenblick, als ich in Ihren Spiegel sah, einen unheimlichen Schauer fühlte, der aber gleich vorüberging. Sie bemerken, dass ich ganz aufrichtig bin und eben deshalb wohl Ihr ganzes Zutrauen verdiene. Wiederholen Sie doch den Versuch." Ich tat es, der Arzt umfasste mich, ich fühlte seine Hand auf dem Rückenwirbel. – Die Gestalt kam wieder, der Arzt, mit mir in den Spiegel schauend, erblasste, dann nahm er mir den Spiegel aus der Hand, schaute nochmals hinein, verschloss ihn in dem Pult und kehrte erst, als er einige Sekunden hindurch, die Hand vor der Stirn, schweigend dagestanden, zu mir zurück. „Befolgen Sie", fing er an, „befolgen Sie genau meine Vorschriften. Ich darf Ihnen bekennen, dass jene Momente, in denen Sie, außer sich selbst gesetzt, Ihr eignes Ich in physischem Schmerz fühlten, mir noch sehr geheimnisvoll sind, aber ich hoffe, Ihnen recht bald mehr darüber sagen zu können." – Mit festem, unabänderlichem Willen, so schwer es mir auch ankam, lebte ich zur Stunde den Vorschriften des Arztes gemäß, und so sehr ich auch bald den wohltätigen Einfluss anderer Geistesanstrengung und der übrigen verordneten Diät verspürte, so blieb ich doch nicht frei von jenen furchtbaren Anfällen, die mittags um zwölf Uhr, viel stärker aber nachts um zwölf Uhr sich einzustellen pflegten. Selbst in munterer Gesellschaft bei Wein und Gesang war es oft, als durchführen plötzlich mein Inneres spitzige glühende Dolche, und alle Macht des Geistes reichte dann nicht hin zum Widerstande, ich musste mich entfernen und durfte erst wiederkehren, wenn ich aus dem ohnmachtähnlichen Zustande erwacht. – Es begab sich, dass ich mich einst bei einer Abendgesellschaft befand, in der über psychische Einflüsse und Wirkungen, über das dunkle unbekannte Gebiet des Magnetismus gesprochen wurde. Man kam vorzüglich auf die Möglichkeit der Einwirkung eines entfernten psychischen Prinzips, sie wurde aus vielen Beispielen bewiesen, und vorzüglich führte ein junger, dem Magnetismus ergebener Arzt an, dass er, wie mehrere andere oder vielmehr wie alle kräftigen Magnetiseurs, es vermöge, aus der Ferne bloß durch den fest fixierten Gedanken und Willen auf seine Somnambulen zu wirken. Alles was Kluge, Schubert, Bartels u. m. darüber gesagt haben, kam nach und nach zum Vorschein. „Das Wichtigste", fing endlich einer der Anwesenden, ein als scharfsinniger Beobachter bekannter Mediziner, an, „das Wichtigste von allem bleibt mir immer, dass der Magnetismus manches Geheimnis, das wir als gemeine schlichte Lebenserfahrung nun eben für kein Geheimnis erkennen wollen, zu erschließen scheint. Nur müssen wir freilich behutsam zu Werke gehn. – Wie kommt es denn, dass ohne allen äußern oder innern uns bekannten Anlass, ja unsere Ideenkette zerreißend, irgendeine Person, oder wohl gar das treue Bild irgendeiner Begebenheit so lebendig, so sich unsers ganzen Ichs bemeisternd in den Sinn kommt, dass wir selbst darüber erstaunen. Am merkwürdigsten ist es, dass wir oft im Traume auffahren. Das ganze Traumbild ist in den schwarzen Abgrund versunken, und im neuen, von jenem Bilde ganz unabhängigen Traum tritt uns mit voller Kraft des Lebens ein Bild entgegen, das uns in ferne Gegenden versetzt und plötzlich scheinbar uns ganz fremd gewordene Personen, an die wir seit Jahren nicht mehr dachten, uns entgegenführt. Ja, noch mehr! oft schauen wir auf eben die Weise ganz fremde unbekannte Personen, die wir vielleicht Jahre nachher erst kennen lernen. Das bekannte: ‚Mein Gott, der Mann, die Frau kommt mir so zum Erstaunen bekannt vor, ich dächt, ich hätt ihn, sie schon irgendwo gesehen', ist vielleicht, da dies oft schlechterdings unmöglich, die dunkle Erinnerung an ein solches Traumbild. Wie, wenn dies plötzliche Hineinspringen fremder Bilder in unsere Ideenreihe, die uns gleich mit besonderer Kraft zu ergreifen pflegen, eben durch ein fremdes psychisches Prinzip veranlasst würde? Wie, wenn es dem fremden Geiste unter gewissen Umständen möglich wäre, den magnetischen Rapport auch ohne Vorbereitung so herbeizuführen, dass wir uns willenlos ihm fügen müssten?" „So kämen wir", fiel ein anderer lachend ein, „mit einem gar nicht zu großen Schritt auf die Lehre von Verhexungen, Zauberbildern, Spiegeln und andern unsinnigen abergläubischen Phantastereien längst verjährter alberner Zeit." „Ei", unterbrach der Mediziner den Ungläubigen, „keine Zeit kann verjähren, und noch viel weniger hat es jemals eine alberne Zeit gegeben, wenn wir nicht etwa jede Zeit, in der Menschen zu denken sich unterfangen mögen, mithin auch die unsrige, für albern erkennen wollen. – Es ist ein eignes Ding, etwas geradezu wegleugnen zu wollen, was oft sogar durch streng juristisch geführten Beweis festgestellt ist, und sowenig ich der Meinung bin, dass in dem dunklen geheimnisvollen Reiche, welches unseres Geistes Heimat ist, auch nur ein einziges, unserm blöden Auge recht hell leuchtendes Lämpchen brennt, so ist doch so viel gewiss, dass uns die Natur das Talent und die Neigung der Maulwürfe nicht versagt hat. Wir suchen, verblindet wie wir sind, uns weiterzuarbeiten auf finstern Wegen. Aber so wie der Blinde auf Erden an dem flüsternden Rauschen der Bäume, an dem Murmeln und Plätschern des Wassers die Nähe des Waldes, der ihn in seinen kühlenden Schatten aufnimmt, des Baches, der den Durstenden labt, erkennt und so das Ziel seiner Sehnsucht erreicht, so ahnen wir an dem tönenden Flügelschlag unbekannter, uns mit Geisteratem berührender Wesen, dass der Pilgergang uns zur Quelle des Lichts führt, vor dem unsere Augen sich auftun!" – Ich konnte mich nicht länger halten, "Sie statuieren also", wandte ich mich zu dem Mediziner, "die Einwirkung eines fremden geistigen Prinzips, dem man sich willenlos fügen muss?" "Ich halte", erwiderte der Mediziner, "ich halte, um nicht zu weit zu gehen, diese Einwirkung nicht allein für möglich, sondern auch andern, durch den magnetischen Zustand deutlicher gewordenen Operationen des psychischen Prinzips für ganz homogen." "So könnt es auch", fuhr ich fort, "dämonischen Kräften verstattet sein, feindlich verderbend auf uns zu wirken?" "Schnöde Kunststücke gefallner Geister", erwiderte der Mediziner lächelnd. – "Nein, denen wollen wir nicht erliegen. Und überhaupt bitt ich, meine Andeutungen für nichts anders zu nehmen, als eben nur für Andeutungen, denen ich noch hinzufüge, dass ich keineswegs an unbedingte Herrschaft eines geistigen Prinzips über das andere glauben, sondern vielmehr annehmen will, dass entweder irgendeine Abhängigkeit, Schwäche des innern Willens, oder eine Wechselwirkung stattfinden muss, die jener Herrschaft Raum gibt." "Nun erst", fing ein ältlicher Mann an, der so lange geschwiegen und nur aufmerksam zugehört, "nun erst kann ich mich mit Ihren seltsamen Gedanken über Geheimnisse, die uns verschlossen bleiben sollen, einigermaßen befreunden. Gibt es geheimnisvolle tätige Kräfte, die mit bedrohlichen Angriffen auf uns zutreten, so kann uns dagegen nur irgendeine Abnormität im geistigen Organism Kraft und Mut zum sieghaften Widerstande rauben. Mit einem Wort, nur geistige Krankheit – die Sünde macht uns untertan dem dämonischen Prinzip. Merkwürdig ist es, dass von den ältesten Zeiten her die den Menschen im Innersten verstörendste Gemütsbewegung es war, an der sich dämonische Kräfte übten. Ich meine nichts anders als die Liebesverzauberungen, von denen alle Chroniken voll sind. In tollen Hexenprozessen kommt immer dergleichen vor, und selbst in dem Gesetzbuch eines sehr aufgeklärten Staats wird von den Liebestränken gehandelt, die insofern auch rein psychisch zu wirken bestimmt sind, als sie nicht Liebeslust im Allgemeinen erwecken, sondern unwiderstehlich an eine bestimmte Person bannen sollen. Ich werde in diesen Gesprächen an eine tragische Begebenheit erinnert, die sich in meinem eignen Hause vor weniger Zeit zutrug. Als Bonaparte unser Land mit seinen Truppen überschwemmt hatte, wurde ein Obrister von der italienischen Nobelgarde bei mir einquartiert. Er war einer von den wenigen Offizieren der so genannten Großen Armee, die sich durch ein stilles bescheidnes edles Betragen auszeichneten. Sein todbleiches Gesicht, seine düstern Augen zeugten von Krankheit oder tiefer Schwermut. Nur wenige Tage war er bei mir, als sich auch der besondere Zufall kundtat, von dem er behaftet. Eben befand ich mich auf seinem Zimmer, als er plötzlich mit tiefen Seufzern die Hand auf die Brust oder vielmehr auf die Stelle des Magens legte, als empfinde er tödliche Schmerzen. Er konnte bald nicht mehr sprechen, er war genötigt, sich in den Sofa zu werfen, dann aber verloren plötzlich seine Augen die Sehkraft, und er erstarrte zur bewusstlosen Bildsäule. Mit einem Ruck wie aus dem Traume auffahrend, erwachte er endlich, aber vor Mattigkeit konnte er mehrere Zeit hindurch sich nicht regen und bewegen. Mein Arzt, den ich ihm sandte, behandelte ihn, nachdem andere Mittel fruchtlos geblieben, magnetisch, und dies schien zu wirken; wiewohl der Arzt bald davon ablassen musste, da er selbst beim Magnetisieren des Kranken von einem unerträglichen Gefühl des Übelseins ergriffen wurde. Er hatte übrigens des Obristen Zutrauen gewonnen, und dieser sagte ihm, dass in jenen Momenten sich ihm das Bild eines Frauenzimmers nahe, die er in Pisa gekannt; dann würde es ihm, als wenn ihre glühenden Blicke in sein Inneres führen, und er fühle die unerträglichsten Schmerzen, bis er in völlige Bewusstlosigkeit versinke. Aus diesem Zustande bleibe ihm ein dumpfer Kopfschmerz und eine Abspannung, als habe er geschwelgt im Liebesgenuss, zurück. Nie ließ er sich über die näheren Verhältnisse aus, in denen er vielleicht mit jenem Frauenzimmer stand. Die Truppen sollten aufbrechen, gepackt stand der Wagen des Obristen vor der Türe, er frühstückte, aber in dem Augenblicke, als er ein Glas Madeira zum Munde

führen wollte, stürzte er mit einem dumpfen Schrei vom Stuhle
herab. Er war tot. Die Ärzte fanden ihn vom Nervenschlag getroffen. Einige Wochen nachher wurde ein an den Obristen adressier-
ter Brief bei mir abgegeben. Ich hatte gar kein Bedenken, ihn zu
öffnen, um vielleicht ein Näheres von den Verwandten des Obristen zu erfahren und ihnen Nachricht von seinem plötzlichen Tode geben zu können. Der Brief kam von Pisa und enthielt ohne
Unterschrift die wenigen Worte: ‚Unglückseliger! Heute, am 7. –
um zwölf Uhr Mittag sank Antonia, dein trügerisches Abbild mit
liebenden Armen umschlingend, tot nieder!‘ – Ich sah den Kalender nach, in dem ich des Obristen Tod angemerkt hatte, und fand,
dass Antonias Todesstunde auch die seinige gewesen.“ – Ich hörte
nicht mehr, was der Mann noch seiner Geschichte hinzusetzte;
denn in dem Entsetzen, das mich ergriffen, als ich in des italienischen Obristen Zustand den meinigen erkannte, ging mit wütendem Schmerz eine solche wahnsinnige Sehnsucht nach dem unbekannten Bilde auf, dass ich, davon überwältigt, aufspringen und
hineilen musste nach dem verhängnisvollen Hause. Es war mir in
der Ferne, als säh ich Lichter blitzen durch die fest verschlossenen
Jalousien, aber der Schein verschwand, als ich näher kam. Rasend
vor dürstendem Liebesverlangen, stürzte ich auf die Tür; sie wich
meinem Druck, ich stand auf dem matt erleuchteten Hausflur,
von einer dumpfen, schwülen Luft umfangen. Das Herz pochte
mir vor seltsamer Angst und Ungeduld, da ging ein langer, schneidender, aus weiblicher Kehle strömender Ton durch das Haus,
und ich weiß selbst nicht, wie es geschah, dass ich mich plötzlich
in einem mit vielen Kerzen hell erleuchteten Saale befand, der in
altertümlicher Pracht mit vergoldeten Meublen und seltsamen ja-
panischen Gefäßen verziert war. Stark duftendes Räucherwerk
wallte in blauen Nebelwolken auf mich zu. „Willkommen – willkommen, süßer Bräutigam – die Stunde ist da, die Hochzeit nah!“ –
So rief laut und lauter die Stimme eines Weibes, und ebenso wenig, als ich weiß, wie ich plötzlich in den Saal kam, ebenso wenig
vermag ich zu sagen, wie es sich begab, dass plötzlich aus dem Nebel eine hohe jugendliche Gestalt in reichen Kleidern hervorleuch-
tete. Mit dem wiederholten gellenden Ruf: „Willkommen, süßer
Bräutigam“ trat sie mit ausgebreiteten Armen mir entgegen – und
ein gelbes, von Alter und Wahnsinn grässlich verzerrtes Antlitz
starrte mir in die Augen. Von tiefem Entsetzen durchbebt, wankte
ich zurück; wie durch den glühenden, durchbohrenden Blick der
Klapperschlange festgezaubert, konnte ich mein Auge nicht
abwenden von dem gräulichen alten Weibe, konnte ich keinen
Schritt weiter mich bewegen. Sie trat näher auf mich zu, da war es

mir, als sei das scheußliche Gesicht nur eine Maske von dünnem Flor, durch den die Züge jenes holden Spiegelbildes durchblickten. Schon fühlt' ich mich von den Händen des Weibes berührt, als sie laut aufkreischend vor mir zu Boden sank und hinter mir eine Stimme rief: „Hu Hu! – treibt schon wieder der Teufel sein Bocksspiel mit Ew. Gnaden, zu Bette, zu Bette, meine Gnädigste, sonst setzt es Hiebe, gewaltige Hiebe!" – Ich wandte mich rasch um und erblickte den alten Hausverwalter im bloßen Hemde, eine tüchtige Peitsche über dem Haupte schwingend. Er wollte losschlagen auf die Alte, die sich heulend am Boden krümmte. Ich fiel ihm in den Arm, aber mich von sich schleudernd rief er: „Donnerwetter, Herr, der alte Satan hätte Sie ermordet, kam ich nicht dazwischen – fort, fort, fort." – Ich stürzte zum Saal heraus, vergebens sucht' ich in dicker Finsternis die Tür des Hauses. Nun hört' ich die zischenden Hiebe der Peitsche und das Jammergeschrei der Alten. Laut wollte ich um Hilfe rufen, als der Boden unter meinen Füßen schwand, ich fiel eine Treppe herab und traf auf eine Tür so hart, dass sie aufsprang und ich der Länge nach in ein kleines Zimmer stürzte. An dem Bette, das jemand soeben verlassen zu haben schien, an dem kaffeebraunen, über einen Stuhl gehängten Rocke musste ich augenblicklich die Wohnung des alten Hausverwalters erkennen. Wenige Augenblicke nachher polterte es die Treppe herab, der Hausverwalter stürzte herein und hin zu meinen Füßen. „Um aller Seligkeit willen", flehte er mit aufgehobenen Händen, „um aller Seligkeit willen, wer Sie auch sein mögen, wie der alte gnädige Hexensatan Sie auch hieher gelockt haben mag, verschweigen Sie, was hier geschehen, sonst komme ich um Amt und Brot! – Die wahnsinnige Exzellenz ist abgestraft und liegt gebunden im Bette. O schlafen Sie doch, geehrtester Herr! recht sanft und süß. – Ja, ja, das tun Sie doch fein – eine schöne warme Julius-Nacht, zwar kein Mondschein, aber beglückter Sternenschimmer. – Nun ruhige, glückliche Nacht." – Unter diesen Reden war der Alte aufgesprungen, hatte ein Licht genommen, mich herausgebracht aus dem Souterrain, mich zur Türe hinausgeschoben und diese fest verschlossen. Ganz verstört eilt' ich nach Hause, und ihr könnt wohl denken, dass ich, zu tief von dem grauenvollen Geheimnis ergriffen, auch nicht den Mindesten nur wahrscheinlichen Zusammenhang der Sache mir in den ersten Tagen denken konnte. Nur so viel war gewiss, dass, hielt mich so lange ein böser Zauber gefangen, dieser jetzt in der Tat von mir abgelassen hatte. Alle schmerzliche Sehnsucht nach dem Zauberbilde in dem Spiegel war gewichen, und bald gemahnte mich jener Auftritt im öden Gebäude wie das unvermutete Hi-

neingeraten in ein Tollhaus. Dass der Hausverwalter zum tyran-
nischen Wächter einer wahnsinnigen Frau von vornehmer Ge-
burt, deren Zustand vielleicht der Welt verborgen bleiben sollte,
bestimmt worden, daran war nicht zu zweifeln, wie aber der Spiegel – das tolle Zauberwesen überhaupt – doch weiter – weiter!
Später begab es sich, dass ich in zahlreicher Gesellschaft den
Grafen P. fand, der mich in eine Ecke zog und lachend sprach:
„Wissen Sie wohl, dass sich die Geheimnisse unseres öden Hauses
zu enthüllen anfangen?" Ich horchte hoch auf, aber indem der
Graf weitererzählen wollte, öffneten sich die Flügeltüren des Ess-
saals, man ging zur Tafel. Ganz vertieft in Gedanken an die Geheimnisse, die mir der Graf entwickeln wollte, hatte ich einer jungen Dame den Arm geboten und war mechanisch der in steifem
Zeremoniell sehr langsam daherschreitenden Reihe gefolgt. Ich
führe meine Dame zu dem offnen Platz, der sich uns darbietet,
schaue sie nun erst recht an und – erblicke mein Spiegelbild in den
getreusten Zügen, sodass gar keine Täuschung möglich ist. Dass
ich im Innersten erbebte, könnt ihr euch wohl denken, aber ebenso muss ich euch versichern, dass sich auch nicht der leiseste Anklang jener verderblichen wahnsinnigen Liebeswut in mir regte,
die mich ganz und gar befing, wenn mein Hauch das wunderbare
Frauenbild aus dem Spiegel hervorrief. – Meine Befremdung,
noch mehr, mein Erschrecken muss lesbar gewesen sein in meinem Blick, denn das Mädchen sah mich ganz verwundert an, sodass ich für nötig hielt, mich so, wie ich nur konnte, zusammenzu-
nehmen, und so gelassen als möglich anzuführen, dass eine lebhaf-
te Erinnerung mich gar nicht zweifeln lasse, sie schon irgendwo
gesehen zu haben. Die kurze Abfertigung, dass dies wohl nicht
gut der Fall sein könne, da sie gestern erst, und zwar das erste Mal in ihrem Leben nach ***n gekommen, machte mich im ei-
gentlichsten Sinn des Worts etwas verblüfft. Ich verstummte. Nur
der Engelsblick, den die holdseligen Augen des Mädchens mir zu-
warfen, half mir wieder auf. Ihr wisst, wie man bei derlei Gelegenheit die geistigen Fühlhörner ausstrecken und leise, leise tasten
muss, bis man die Stelle findet, wo der angegebene Ton wider-
klingt. So macht' ich es und fand bald, dass ich ein zartes, holdes,
aber in irgendeinem psychischen Überreiz verkränkeltes Wesen
neben mir hatte. Bei irgendeiner heitern Wendung des Gesprächs,
vorzüglich wenn ich zur Würze wie scharfen Cayenne-Pfeffer irgendein keckes bizarres Wort hineinstreute, lächelte sie zwar,
aber seltsam schmerzlich, wie zu hart berührt. „Sie sind nicht heiter, meine Gnädige, vielleicht der Besuch heute Morgen." – So re-
dete ein nicht weit entfernt sitzender Offizier meine Dame an,

aber in dem Augenblick fasste ihn sein Nachbar schnell beim Arm und sagte ihm etwas ins Ohr, während eine Frau an der andern Seite des Tisches, Glut auf den Wangen und im Blick, laut der herrlichen Oper erwähnte, deren Darstellung sie in Paris gesehen und mit der heutigen vergleichen werde. – Meiner Nachbarin stürzten die Tränen aus den Augen: „Bin ich nicht ein albernes Kind", wandte sie sich zu mir. Schon erst hatte sie über Migräne geklagt. „Die gewöhnliche Folge des nervösen Kopfschmerzes", erwiderte ich daher mit unbefangenem Ton, „wofür nichts besser hilft, als der muntre kecke Geist, der in dem Schaum dieses Dichtergetränks sprudelt." Mit diesen Worten schenkte ich Champagner, den sie erst abgelehnt, in ihr Glas ein, und indem sie davon nippte, dankte ihr Blick meiner Deutung der Tränen, die sie nicht zu bergen vermochte. Es schien heller geworden in ihrem Innern, und alles wäre gut gegangen, wenn ich nicht zuletzt unversehens hart an das vor mir stehende englische Glas gestoßen, sodass es in gellender schneidender Höhe ertönte. Da erbleichte meine Nachbarin bis zum Tode, und auch mich ergriff ein plötzliches Grauen, weil der Ton mir die Stimme der wahnsinnigen Alten im öden Hause schien. – Während dass man Kaffee nahm, fand ich Gelegenheit, mich dem Grafen P. zu nähern; er merkte gut, warum. „Wissen Sie wohl, dass Ihre Nachbarin die Gräfin Edwine von S. war? – Wissen Sie wohl, dass in dem öden Hause die Schwester ihrer Mutter, schon seit Jahren unheilbar wahnsinnig, eingesperrt gehalten wird? – Heute Morgen waren beide, Mutter und Tochter, bei der Unglücklichen. Der alte Hausverwalter, der Einzige, der den gewaltsamen Ausbrüchen des Wahnsinns der Gräfin zu steuern wusste und dem daher die Aufsicht über sie übertragen wurde, liegt todkrank, und man sagt, dass die Schwester endlich dem Doktor K. das Geheimnis anvertraut und dass dieser noch die letzten Mittel versuchen wird, die Kranke, wo nicht herzustellen, doch von der entsetzlichen Tobsucht, in die sie zuweilen ausbrechen soll, zu retten. Mehr weiß ich vorderhand nicht." – Andere traten hinzu, das Gespräch brach ab. – Doktor K. war nun gerade derjenige, an den ich mich, meines rätselhaften Zustandes halber, gewandt, und ihr möget euch wohl vorstellen, dass ich, sobald es sein konnte, zu ihm eilte und alles, was mir seit der Zeit widerfahren, getreulich erzählte. Ich forderte ihn auf, zu meiner Beruhigung, so viel als er von der wahnsinnigen Alten wisse, zu sagen, und er nahm keinen Anstand, mir, nachdem ich ihm strenge Verschwiegenheit gelobt, Folgendes anzuvertrauen.

Angelika, Gräfin von Z. (so fing der Doktor an), unerachtet in die Dreißig vorgerückt, stand noch in der vollsten Blüte wunder-

barer Schönheit, als der Graf von S., der viel jünger an Jahren, sie hier in ** *n bei Hofe sah und sich in ihren Reizen so verfing, dass er zur Stunde die eifrigsten Bewerbungen begann und selbst, als zur Sommerszeit die Gräfin auf die Güter ihres Vaters zurück-
5 kehrte, ihr nachreiste, um seine Wünsche, die nach Angelikas Benehmen durchaus nicht hoffnungslos zu sein schienen, dem alten Grafen zu eröffnen. Kaum war Graf S. aber dort angekommen, kaum sah er Angelikas jüngere Schwester Gabriele, als er wie aus einer Bezauberung erwachte. In verblühter Farblosigkeit stand
10 Angelika neben Gabrielen, deren Schönheit und Anmut den Grafen S. unwiderstehlich hinriss, und so kam es, dass er, ohne Angelika weiter zu beachten, um Gabrielens Hand warb, die ihm der alte Graf Z. umso lieber zusagte, als Gabriele gleich die entschiedenste Neigung für den Grafen S. zeigte. Angelika äußerte nicht
15 den mindesten Verdruss über die Untreue ihres Liebhabers. „Er glaubt mich verlassen zu haben. Der törichte Knabe! er merkt nicht, dass nicht i c h, dass e r mein Spielzeug war, das ich wegwarf!" – So sprach sie in stolzem Hohn, und in der Tat, ihr ganzes Wesen zeigte, dass es wohl ernst sein mochte mit der Verachtung
20 des Ungetreuen. Übrigens sah man, sobald das Bündnis Gabrielens mit dem Grafen von S. ausgesprochen war, Angelika sehr selten. Sie erschien nicht bei der Tafel, und man sagte, sie schweife einsam im nächsten Walde umher, den sie längst zum Ziel ihrer Spaziergänge gewählt hatte. – Ein sonderbarer Vorfall störte die
25 einförmige Ruhe, die im Schlosse herrschte. Es begab sich, dass die Jäger des Grafen von Z., unterstützt von den in großer Anzahl aufgebotenen Bauern, endlich eine Zigeunerbande eingefangen hatten, der man die Mordbrennereien und Räubereien, welche seit kurzer Zeit so häufig in der Gegend vorfielen, Schuld gab. An eine
30 lange Kette geschlossen, brachte man die Männer, gebunden auf einen Wagen gepackt, die Weiber und Kinder auf den Schlosshof. Manche trotzige Gestalt, die mit wildem funkelnden Blick wie ein gefesselter Tiger keck umherschaute, schien den entschlossenen Räuber und Mörder zu bezeichnen, vorzüglich fiel
35 aber ein langes, hageres, entsetzliches Weib, in einen blutroten Shawl vom Kopf bis zu Fuß gewickelt, ins Auge, die aufrecht im Wagen stand und mit gebietender Stimme rief: Man solle sie herabsteigen lassen, welches auch geschah. Der Graf von Z. kam auf den Schlosshof und befahl eben, wie man die Bande abgesondert
40 in den festen Schlossgefängnissen verteilen solle, als mit fliegenden Haaren, Entsetzen und Angst in bleichem Gesicht, Gräfin Angelika aus der Tür hinausstürzte und auf die Knie geworfen mit schneidender Stimme rief: „Diese Leute los – diese Leute los – sie

sind unschuldig, unschuldig – Vater, lass diese Leute los!– ein Tropfen Bluts vergossen an einem von diesen und ich stoße mir dieses Messer in die Brust!" – Damit schwang die Gräfin ein spiegelblankes Messer in den Lüften und sank ohnmächtig nieder. „Ei, mein schönes Püppchen, mein trautes Goldkind, das wusst' ich ja wohl, dass du es nicht leiden würdest!" So meckerte die rote Alte. Dann kauerte sie nieder neben der Gräfin und bedeckte Gesicht und Busen mit ekelhaften Küssen, indem sie fortwährend murmelte: „Blanke Tochter, blanke Tochter – wach auf, wach auf, der Bräutigam kommt – hei hei, blanker Bräutigam kommt." Damit nahm die Alte eine Phiole hervor, in der ein kleiner Goldfisch in silberhellem Spiritus auf und ab zu gaukeln schien. Diese Phiole hielt die Alte der Gräfin an das Herz, augenblicklich erwachte sie, aber kaum erblickte sie das Zigeunerweib, als sie aufsprang, das Weib heftig und brünstig umarmte und dann mit ihr davoneilte in das Schloss hinein. Der Graf von Z. – Gabriele, ihr Bräutigam, die unterdessen erschienen, schauten ganz erstarrt und von seltsamem Grauen ergriffen, das alles an. Die Zigeuner blieben ganz gleichgültig und ruhig, sie wurden nun abgelöst von der Kette und einzeln gefesselt in die Schlossgefängnisse geworfen. Am andern Morgen ließ der Graf von Z. die Gemeinde versammeln, die Zigeuner wurden vorgeführt, der Graf erklärte laut, dass sie ganz unschuldig wären an allen Räubereien, die in der Gegend verübt, und dass er ihnen freien Durchzug durch sein Gebiet verstatte, worauf sie entfesselt und zum Erstaunen aller mit Pässen wohl versehen entlassen wurden. Das rote Weib wurde vermisst. Man wollte wissen, dass der Zigeunerhauptmann, kenntlich an den goldnen Ketten um den Hals und dem roten Federbusch an dem spanisch niedergekrempten Hut, nachts auf dem Zimmer des Barons gewesen. Einige Zeit nachher ward es unbezweifelt dargetan, dass die Zigeuner an dem Rauben und Morden in dem Gebiet umher in der Tat auch nicht den mindesten Anteil hatten. – Gabrieles Hochzeit rückte heran, mit Erstaunen bemerkte sie eines Tages, dass mehrere Rüstwagen mit Meubln, Kleidungsstücken, Wäsche, kurz, mit einer ganz vollständigen Hauseinrichtung bepackt wurden und abfuhren. Andern Morgens erfuhr sie, dass Angelika, begleitet von dem Kammerdiener des Grafen S. und einer vermummten Frau, die der alten roten Zigeunerin ähnlich gesehen, nachts abgereist sei. Graf Z. löste das Rätsel, indem er erklärte, dass er sich aus gewissen Ursachen genötiget gesehen, den freilich seltsamen Wünschen Angelikas nachzugeben und ihr nicht allein das in ** *n belegne Haus in der Allee als Eigentum zu schenken, sondern auch zu erlauben, dass sie dort einen eignen, ganz unabhängigen Haushalt führe, wobei sie sich bedungen, dass keiner aus der Familie, ihn selbst nicht ausgenommen, ohne ihre ausdrückliche Erlaubnis das Haus betreten solle. Der Graf von S. fügte hinzu, dass auf Angelikas dringenden Wunsch er seinen Kammerdiener ihr überlassen müssen, der mitgereiset sei nach ** *n. Die Hochzeit wurde vollzogen, Graf S. ging mit seiner Gemahlin nach D., und ein Jahr verging ihnen in ungetrübter Heiterkeit. Dann fing aber der Graf an, auf ganz eigne Weise zu kränkeln. Es war, als wenn ihm ein geheimer Schmerz alle Lebenslust, alle Lebenskraft raube, und vergebens waren alle Bemühungen seiner Gemahlin, das Geheimnis ihm zu entreißen, das sein Innerstes verderblich zu verstören schien. – Als endlich tiefe Ohnmachten seinen Zustand lebensgefährlich machten, gab er den Ärzten nach und ging angeblich nach Pisa. – Gabriele konnte nicht mitreisen, da sie ihrer Niederkunft entgegensah, die indessen erst nach mehrern Wochen erfolgte. – Hier, sprach der Arzt, werden die Mitteilungen der Gräfin Gabriele von S. so rhapsodisch, dass nur ein tieferer Blick den näheren Zusammenhang auffassen kann. – Genug – ihr Kind, ein Mädchen, verschwindet auf unbegreifliche Weise aus der Wiege, alle Nachforschungen bleiben vergebens – ihre Trostlosigkeit geht bis zur Verzweiflung, als zur selbigen Zeit Graf von Z. ihr die entsetzliche Nachricht schreibt, dass er den Schwiegersohn, den er auf dem Wege nach Pisa glaubte, in ** *n, und zwar in Angelikas Hause, vom Nervenschlage zum Tode getroffen, gefunden; dass Angelika in furchtbaren Wahnsinn geraten sei und dass er solchen Jammer wohl nicht lange tragen werde. – Sowie Gabriele von S. nur einige Kräfte gewonnen, eilt sie auf die Güter des Vaters; in schlafloser Nacht das Bild des verlornen Gatten, des verlornen Kindes vor Augen, glaubt sie ein leises Wimmern vor der Türe des Schlafzimmers zu vernehmen; ermutigt, zündet sie die Kerzen des Armleuchters bei der Nachtlampe an und tritt heraus. – Heiliger Gott! niedergekauert zur Erde, in den roten Shawl gewickelt, starrt das Zigeunerweib mit stierem, leblosem Blick ihr in die Augen – in den Armen hält sie ein kleines Kind, das so ängstlich wimmert, das Herz schlägt der Gräfin hoch auf in der Brust! – es ist ihr Kind! – es ist die verlorne Tochter! – Sie reißt das Kind der Zigeunerin aus den Armen, aber in diesem Augenblick kugelt diese um, wie eine leblose Puppe. Auf das Angstgeschrei der Gräfin wird alles wach, man eilt hinzu, man findet das Weib tot auf der Erde, kein Belebungsmittel wirkt, und der Graf lässt sie einscharren. – Was bleibt übrig, als nach ***n zur wahnsinnigen Angelika zu eilen und vielleicht dort das Geheimnis mit dem Kinde zu erforschen. Alles hat sich verändert. Angelikas wilde Raserei hat alle weiblichen Dienstboten entfernt, nur der Kammerdiener ist geblieben. Angelika ist ruhig und vernünftig geworden. Als der Graf die Geschichte von Gabrielens Kinde erzählt, schlägt sie die Hände zusammen und ruft mit lautem Lachen: „Ist's Püppchen angekommen? – richtig angekommen? – eingescharrt, eingescharrt? – O Jemine, wie prächtig sich der Goldfasan schüttelt! wisst ihr nichts vom grünen Löwen mit den blauen Glutaugen?" – Mit Entsetzen bemerkt der Graf die Rückkehr des Wahnsinns, indem plötzlich Angelikas Gesicht die Züge des Zigeunerweibes anzunehmen scheint, und beschließt, die Arme mitzunehmen auf die Güter, welches der alte Kammerdiener widerrät. In der Tat bricht auch der Wahnsinn Angelikas in Wut und Raserei aus, sobald man Anstalten macht, sie aus dem Hause zu entfernen. – In einem lichten Zwischenraum beschwört Angelika mit heißen Tränen den Vater, sie in dem Hause sterben zu lassen, und tief gerührt bewilligt er dies, wiewohl er das Geständnis, das dabei ihren Lippen entflieht, nur für das Erzeugnis des aufs Neue ausbrechenden Wahnsinns hält. Sie bekennt, dass Graf S. in ihre Arme zurückgekehrt und dass das Kind, welches die Zigeunerin ins Haus des Grafen von Z. brachte, die Frucht dieses Bündnisses sei. – In der Residenz glaubt man, dass der Graf von Z. die Unglückliche mitgenommen hat auf die Güter, indessen sie hier tief verborgen und der Aufsicht des Kammerdieners übergeben, in dem verödeten Hause bleibt. – Graf von Z. ist gestorben vor einiger Zeit, und Gräfin Gabriele von S. kam mit Edmonden her, um Familienangelegenheiten zu berichtigen. Sie durfte es sich nicht versagen, die unglückliche Schwester zu sehen. Bei diesem Besuch muss sich Wunderliches ereignet haben, doch hat mir die Gräfin nichts darüber vertraut, sondern nur im Allgemeinen gesagt, dass es nun nötig geworden, dem alten Kammerdiener die Unglückliche zu entreißen. Einmal habe er, wie es herausgekommen, durch harte grausame Misshandlungen den Ausbrüchen des Wahnsinns zu steuern gesucht, dann aber, durch Angelikas Vorspiegelung, dass sie Gold zu machen verstehe, sich verleiten lassen, mit ihr allerlei sonderbare Operationen vorzunehmen und ihr alles Nötige dazu herbeizuschaffen. – Es würde wohl (so schloss der Arzt seine Erzählung) ganz überflüssig sein, Sie, gerade Sie auf den tiefern Zusammenhang aller dieser seltsamen Dinge aufmerksam zu machen. Es ist mir gewiss, dass Sie die Katastrophe herbeigeführt haben, die der Alten Genesung oder baldigen Tod bringen wird. Übrigens mag ich jetzt nicht verhehlen, dass ich mich nicht wenig entsetzte, als ich, nachdem ich mich mit Ihnen in magnetischen

Rapport gesetzt, ebenfalls das Bild im Spiegel sah. Dass dies Bild Edmonde war, wissen wir nun beide. –

Ebenso, wie der Arzt glaubte, für mich nichts hinzufügen zu dürfen, ebenso halte ich es für ganz unnütz, mich nun noch darüber etwa zu verbreiten, in welchem geheimen Verhältnis Angelika, Edmonde, ich und der alte Kammerdiener standen und wie mystische Wechselwirkungen ein dämonisches Spiel trieben. Nur so viel sage ich noch, dass mich nach diesen Begebenheiten ein drückendes, unheimliches Gefühl aus der Residenz trieb, welches erst nach einiger Zeit mich plötzlich verließ. Ich glaube, dass die Alte in dem Augenblick, als ein ganz besonderes Wohlsein mein Innerstes durchströmte, gestorben ist. So endete Theodor seine Erzählung. Noch manches sprachen die Freunde über Theodors Abenteuer und gaben ihm Recht, dass sich darin das Wunderliche mit dem Wunderbaren auf seltsame grauliche Weise mische.– Als sie schieden, nahm Franz Theodors Hand und sprach, sie leise schüttelnd, mit beinahe wehmütigem Lächeln: „Gute Nacht, du Spalanzanische Fledermaus!"

ZUR TEXTGESTALTUNG

Als Textvorlage diente der von Hartmut Steinecke unter Mitarbeit von Gerhard Allroggen herausgegebene 3. Bd. der „Sämtlichen Werke" von E. T. A. Hoffmann, erschienen 1985 im Deutschen Klassiker Verlag, Frankfurt am Main. Der Text wurde den neuen amtlichen Rechtschreibregeln behutsam angepasst.

NACHWORT

Zur Biographie Hoffmanns

Ernst Theodor Wilhelm Hoffmann wurde am 24. Januar 1776 in Königsberg geboren. Vier Jahre später trennten sich seine Eltern; sein Bruder wuchs beim Vater auf, der nach Insterburg zog, Ernst blieb bei der Mutter, die seine Erziehung ihrem Bruder, einem pensionierten pedantischen Justizrat, überließ. Im Übrigen wurde das Familienleben von der Großmutter mütterlicherseits beherrscht. Im selben Haus wohnte auch Zacharias Werner (1768 – 1823) mit seiner geistig umnachteten Mutter. Auch er trat später als Dichter hervor, sein Theaterstück „Der vierundzwanzigste Februar" wurde 1810 von Goethe in Weimar uraufgeführt und gilt als Vorbild der Schicksalstragödie.

Ernst erhielt frühzeitig Musikunterricht (Geige, Klavier, Orgel) und erwies sich auch als begabter Zeichner und Maler (u. a. ist eine Federzeichnung zu „Der Sandmann" von 1815/16 erhalten – sie wurde als Umschlagbild für diese Ausgabe verwendet –, ebenfalls ein Bleistiftporträt von Zacharias Werner aus dem Jahre 1808). Aus der Schulzeit datiert Hoffmanns Freundschaft mit Theodor Hippel, dem Sohn eines Landgeistlichen. Es müssen ganz unterschiedliche Neigungen gewesen sein, die zwei so gegensätzlichen Naturen zu harmonischer Ergänzung verhalfen. Hippel, der später preußischer Staatsrat wurde und den berühmten Aufruf des Königs, Friedrich Wilhelm III., zur Erhebung gegen die französische Besatzung verfasste („An mein Volk", 17. März 1813), sagte von sich: „Es war der Traum meiner Kindheit, einst meinem Vaterlande und meinen Mitbürgern nützlich zu sein." Hoffmann dagegen war unpolitisch, nicht einmal die Französische Revolution interessierte ihn, sein Motto lautete: „Die Kunst ist meine Beschützerin, meine Heilige!"

Ostern 1792 begann er, sechzehnjährig wie 1765 Goethe, das Studium der Rechte an der Universität seiner Heimatstadt. Kants Ruhm war damals weit über Königsberg hinaus verbreitet, Hoffmann aber besuchte seine Vorlesungen nicht. Seine freie Zeit war den Künsten gewidmet. Das Studium wurde 1795 abgeschlossen, die weitere Ausbildung erfolgte in Glogau und in Berlin. 1800 wurde er als Assessor nach Posen versetzt, wo ein von ihm komponiertes Singspiel erfolgreich aufgeführt wurde. Sein Amt als Regierungsrat trat er 1802 in Plock an, einer der ältesten polnischen Städte und Bischofssitz an der Weichsel, damals jedoch wenig mehr als 3000 Einwohner aufweisend, darunter einige preußische Beamte und Militärpersonen. Hier heiratete er Michalina („Mischa") Rohrer-Trzynska, Tochter eines polnischen Magistratsbeamten aus Posen. In der Abgeschiedenheit dieser Kleinstadt begann Hoffmann ernsthaft zu komponieren (Kirchenmusik und Sonaten) und veröffentlichte in einer Berliner, von dem Schriftsteller August v. Kotzebue redigierten Zeitschrift seinen ersten Aufsatz. Noch lange sah er die Musik als Gebiet seiner künstlerischen Berufung, aber nicht die Dichtung.

Die Versetzung nach Warschau, 1804, eröffnete Hoffmann die glücklichsten Jahre seines Lebens. Er begegnete Zacharias Werner wieder,

1805 wurde die Tochter, Cäcilia, geboren und Hoffmanns Cäcilienmesse uraufgeführt. Vertonungen von Dichtungen Brentanos und Werners folgten, eine Musikalische und eine Sing-Akademie wurden gegründet, und als mit Hilfe einer Geldspende des preußischen Königs ein Gebäude für die Darbietungen erworben werden konnte, malte Hoffmann die Räume phantasievoll aus und dirigierte 1806 das festliche Eröffnungskonzert. Der Einmarsch der Truppen Napoleons beendete dieses vielseitige Schaffen. Hoffmann komponierte in Warschau zwar noch die Oper „Liebe und Eifersucht" im Stile Mozarts, fand hier aber kein Fortkommen mehr und reiste im Sommer 1807 nach Berlin. Doch das von Napoleon besiegte Preußen konnte ihm ebenfalls keine Anstellung geben. Ein weiterer Schicksalsschlag war der Tod Cäcilias und eine schwere Erkrankung Mischas. Hoffmann bemühte sich um einen Posten als Kapellmeister, der ihm schließlich 1808 am Bamberger Theater angeboten wurde, in der ehemals fürstbischöflichen, seit 1802 bayerischen heiteren Stadt an der Regnitz.

Doch bald gab es neue wirtschaftliche Schwierigkeiten, sodass Hoffmann neben „Theaterkompositionen" Musikunterricht erteilte und musikalische Rezensionen und Aufsätze zu schreiben begann. Hierbei wirkte er für die moderne Musikkritik bahnbrechend. Wohl in dieser Zeit änderte er seinen dritten Vornamen, Wilhelm, in Amadeus um, eine Huldigung an den überaus verehrten Mozart. 1809 machte das Theater Bankrott, im selben Jahr erschien Hoffmanns erste Erzählung, „Ritter Gluck". Als das Theater in Form einer Aktiengesellschaft weitergeführt wurde, konnte er hier Stücke von Shakespeare und von Calderon inszenieren; weitere Erzählungen entstanden („Kreisleriana"). 1813 verließ Hoffmann Bamberg und schloss sich als Musikdirektor einer Operntruppe an, die teils in Leipzig, teils in Dresden spielte. In dieser Zeit, während Napoleon seine letzten Schlachten gewann und nach der Völkerschlacht bei Leipzig (16. – 19. Oktober 1813) Dresden von russischen Truppen belagert wurde, entstand „Der goldne Topf" (Hamburger Leseheft Nr. 202) und wurde die Oper „Undine" nach Fouqués Novelle komponiert (1816 im Königlichen Schauspielhaus zu Berlin uraufgeführt; eine weitere Vertonung erfolgte 1845 durch Lortzing). Bald wurden der erste Band der „Elixiere des Teufels" und die „Fantasiestücke in Callots Manier" (mit einer Vorrede von Jean Paul) veröffentlicht.

1814 ging Hoffmann nach Berlin, wurde wieder in den Justizdienst übernommen und 1816 zum Kammergerichtsrat ernannt. Er lernte Fouqué, Chamisso und Tieck kennen und schrieb die „Nachtstücke" und für die Kinder eines Freundes das Märchen „Nussknacker und Mäusekönig". Ein Kaffeehaus an der Prachtstraße „Unter den Linden" wurde sein Stammlokal, von der Atmosphäre dieser Aufenthalte hat er viel in „Das öde Haus" übernommen. Längst hatte er sich damit abgefunden, weniger als Musiker und Komponist, sondern vielmehr als Dichter erfolgreich zu sein. Werner Bergengruen urteilt über ihn: „Gepackt von einem Einfall, beginnt er zu schreiben, ohne sich Gedanken darüber zu machen, wie es weitergehen soll. Daher das Ungleichmäßige, das Nichtdurchkomponierte, das Fragmentarische gerade seiner herrlichsten Schöpfungen, daher die Schwäche der zweiten Teile, in denen ein meis-

65

terhaft geschürzter Knoten oft eine unfreudige und trockne Auflösung erfährt. Häufig ist er sehr unbedenklich in der Wahl seiner Mittel. Von seinen Visionen gejagt, schreibt er schnell und flüchtig. Ein Feilen und Überarbeiten, gar das tagelange Hinundherwenden eines einzigen Satzes, so lange bis er den richtigen Rhythmus zu haben scheint, kennt er nicht. Wie bei Tolstoi kommt es auch bei ihm vor, dass er gegen Ende einer Erzählung vergessen hat, welchen Namen er im Anfang dieser oder jener Nebenfigur gab, und ihr nun einfach einen anderen verleiht." (in: „E. T. A. Hoffmann", Zürich 1960, S. 57) Seine Leser sind bezaubert von seiner phantasiereichen, tiefsinnigen, die Welt magisch deutenden Dichtung.

1819 erkrankte Hoffmann schwer, dennoch wurde er in eine Untersuchungskommission gegen burschenschaftliche, turnerische und andere „hochverräterische" Umtriebe berufen. Gegen die Verhaftung Jahns, des Turnvaters, protestierte er; Gesinnungsschnüffelei war seine Sache nicht, und das damalige Spitzelsystem der Polizei verachtete er gründlich. So nimmt es nicht wunder, dass es dem Berliner Polizeidirektor gelang, beim König ein Disziplinarverfahren gegen Hoffmann wegen dessen satirischer Erzählung „Meister Floh" durchzusetzen. Doch die fortschreitende Lähmung, verursacht durch Gichtanfälle, und ein Leberleiden verhinderten Vernehmungen und weitere Verfolgung; Hoffmann starb am 25. Juni 1822 und wurde auf dem Jerusalemer Friedhof in Berlin beerdigt.

Zu den hier vorgelegten Erzählungen

Vermutlich schon in Leipzig und Dresden hatte Hoffmann Abhandlungen von Mesmer, Kluge und anderen Medizinern gelesen und sich mit Hypnose, Spiritismus, Somnambulismus befasst, weil diese Fragen seine überreizte Phantasie, sein ererbtes hysterisches Nervensystem erregten. Er war überzeugt, dass, wer nicht in philisterhafter Mittelmäßigkeit verdämmern wollte, nur zwischen dem Dasein als autonomer Künstler und der Raserei des Wahnsinns zu wählen hatte. Nach Hoffmanns eigener Notiz begann er die Niederschrift von „Der Sandmann" „den 16. Novbr. 1815 Nachts 1 Uhr". Die Erzählung erschien 1816 als erstes der „Nachtstücke".

1769 hatte der Uhrmacher Jaquet-Droz einen Schreibautomaten konstruiert, ihn als Kind verkleidet und ihm unter anderem den Satz „Ich denke, also bin ich" von Descartes eingespeichert. In dieser Schöpfung verbanden sich der Vernunftoptimismus der Aufklärung und der Glaube an eine den Menschen zur Vollendung führende Erziehung, eben die beiden prägenden Kräfte des 18. Jahrhunderts. (Auch Leopold Mozart präsentierte seine Kinder bei ihren Konzertreisen als „Wunderkinder" – 1763 sah und hörte Goethe den sieben Jahre jüngeren Wolfgang Amadeus in Frankfurt spielen.) Auch Hoffmann greift in „Der Sandmann" das Thema des Automaten, wir würden heute sagen: des Roboters, auf, fügt ihm aber noch das Motiv des Fernrohrs, des „Perspektivs" hinzu und kritisiert auf diese Weise die Perversion der Gefühlswelt doppelt (vgl. Anmerkung zu S. 24, aber auch zu S. 21 „Automat" und zu S. 13 „die wahre wirkliche Außenwelt"). Die Erzählung regte zusammen mit anderen Dichtungen Hoffmanns 1880 Jacques Offenbach zu seiner Oper „Hoffmanns Erzählungen" an. 1987 wurde in Hamburg das Musiktheater „Der Sandmann" des griechischen Komponisten Arghyris Kounadis uraufgeführt, der in seiner Jugend Werke von Hoffmann in griechischer Übersetzung kennen gelernt hatte. Für ihn sei Hoffmann gerade heute „präsent", weil er „etwas vorausgesehen hat, was in unserem Jahrhundert geschieht", bemerkte der Komponist in einem Interview in der „Staatsoper, Zeitung 4, 1986/87 der Hamburgischen Staatsoper". Im gleichen Heft geht Bernd H. Bonsels der Frage nach, ob Hoffmanns Erzählung Spukgeschichte, Märchen, Krankheitsbericht oder Traumerzählung sei, und stellt fest: „Zweifellos gehört der ‚Sandmann' zum Nachdenkenswertesten und Absonderlichsten Hoffmannscher Erzählkunst, gewiss zu den seltsamsten Stoffen aller Erzählkunst überhaupt" (a. a. O., S. 13). Wolfgang Preisendanz weist in seiner Untersuchung zu Hoffmanns Erzählkunst nach, dass der wiederholte Wechsel der Perspektive in dieser Erzählung, ferner die Verquickung von Realität und Imagination, aber auch die offene Frage, was Nathanael letztlich in den Wahnsinn treibe, Hoffmanns Erfahrung spiegelt, „dass die Wirklichkeit immer mehr ist als die Kunde, die der Dichter von ihr zu geben vermag" (in: Festschrift für Jost Trier, Köln 1964, S. 411ff.).

Über die zweite hier vorgelegte Erzählung, „Das öde Haus", urteilte Hoffmann in einem Brief an seinen Verleger vom 8. März 1818: „Das öde Haus taugt nichts" und fügt hinzu: „Gern zugestehen darf ich ja, dass ich oft mich selbst recht arg mystifiziert habe." Während aber der Held in „Der Sandmann" zugrunde geht, sich selbst und seine Welt verliert und zerstört, gelangt der Ich-Erzähler in „Das öde Haus" zum Bewusstsein seiner Gefährdung und kann sich dank der Hilfe des von ihm konsultierten Arztes daraus befreien. Das ändert jedoch nichts an der Rätselhaftigkeit der Ereignisse, an den Abgründen der Wirklichkeit, wie Hoffmann sie hier schildert. Aber ist nicht dieses verfallene Haus an der Prachtavenue des aufstrebenden Berlins, in der sich gewissermaßen der Geltungswille und das Selbstbewusstsein des aufstrebenden preußischen Staates sichtbar verkörperten, schon durch seine bloße Existenz ein Fingerzeig auf die Dämonie des Daseins? Man vergleiche damit das Motiv des verfallenden Hauses in Heinrich Seidels autobiographischer Erzählung „Reinhard Flemmings Abenteuer" (Hamburger Leseheft Nr. 94), vor allem aber die Rolle der Prachtstraße „Unter den Linden" in Fontanes Romanen, z. B. „Effi Briest" (Hamburger Leseheft Nr. 171), aber auch Christa Wolfs kritische Distanzierung in ihrer Erzählung „Unter den Linden", wenn sie schreibt: „Immer habe ich geahnt, dass diese Straße in die Tiefe führt."

WORTERKLÄRUNGEN

Der Sandmann

5 *Wetterglas.* Barometer

6 *Franz Moor.* Gestalten aus Schillers Drama „Die Räuber"
Geschwister. bis ins 18. Jh. im Neutrum Singular gebraucht (= Gesamtheit von Brüdern und Schwestern), daneben bildete sich ein (heute noch gebräuchlicher) Plural
Atzung. Fütterung von Raubvögeln

8 *vorüber.* älterer Gebrauch ohne Präposition
Coppelius. der Name klingt an ital. „coppo = Augenhöhle" an. Vgl. auch die Anmerkung zu S. 10
buschicht. im 17./18. Jh. gebräuchliche Adjektivbildung (heute ist nur noch „töricht" erhalten)
Steinschnallen. d. h. mit (Halbedel-)Steinen besetzt
Kleblocke. an die Perücke seitlich angeklebte Haarrolle
Haarbeutel. bei der männl. Haartracht des 18. Jh. verwendetes schwarzseidenes Säckchen mit Bändern für die Nackenhaare, um den Rockkragen vor Puder zu schützen

9 *durfte.* im Sinne von „brauchte"
kredenzen (ital.). feierlich darreichen (von „far la credenza = die Prüfung auf Treu und Glauben vornehmen", als Aufgabe des Mundschenks oder Vorkosters)
Popanz. künstlich hergestellte Schreckgestalt, Vogelscheuche

10 *Augen her!* bei der Herstellung zauberischer Substanzen wurden Augen für unerlässlich gehalten, vgl. das Gießen der Freikugeln in Webers Oper „Der Freischütz". Hierzu passt auch die Namengebung „Coppelius", vgl. Anmerkung zu S. 8 (nach „Hoffmanns Werke", Bd. 2, Aufbau-Verlag, Berlin, 1958, zur Stelle)
Mechanismus . . . ein Hinweis auf die mechanische Gliederpuppe Olimpia
observieren (lat.). überprüfen, beobachten
Blödigkeit. bis ins 18./19. Jh. so viel wie Gebrechlichkeit, Schwachheit, Scheu

12 *drohe das Haus.* Personifizierung
darf. vgl. Anmerkung zu S. 9

13 *die wahre wirkliche Außenwelt.* Hoffmann schlägt hier das Thema der Romantik an, die sich ja als Gegenbewegung gegen die vernunftorientierte Aufklärung und Klassik versteht, vgl. Fr. Schlegels Formel „Idiosynkrasie gegen die Vernunft" und Novalis' Gedicht „Wenn nicht mehr Zahlen und Figuren sind Schlüssel aller Kreaturen"
kindisch. hier veraltet für kindlich
Alchimie (arab.). die (magische) Chemie des Mittelalters, vermeintl. Goldmacherkunst
Laborant (lat.). jemand, der chemische Versuche durchführt
Drang nach hoher Weisheit. Anspielung auf die Suche nach dem „Stein der Weisen"

14 *Phantom* (griech.). Trugbild

15 *Magister* (lat.). veraltet für Lehrer, Schulmeister
distinguieren (lat.). klar unterscheiden, deutlich abgrenzen
logische Kollegia. akademische Vorlesungen, vgl. auch Goethe,
„Faust I" (Hamburger Leseheft Nr. 29), Verse 1911ff.: „Zuerst Collegium Logicum. Da wird der Geist Euch wohl dressiert . . ."
Spalanzani. Lazzaro Spallanzani, 1729–1799, ital. Naturforscher, befasste sich u. a. mit dem Problem der künstlichen Befruchtung
Cagliostro, Alexander Graf C., 1743–1795, ein Abenteurer, der vorgab, Gold machen und Geister beschwören zu können
Chodowiecki, Daniel Nikolaus Ch., 1726–1801, deutscher Maler und Radierer, illustrierte die Werke der dt. Klassiker. Das hier genannte Bild erschien 1789 in einem Berliner Kalender in der Serie „Modetorheiten"
Frauenzimmer. hier noch im ursprünglichen Sinne für „weibl. Person", also nicht verächtlich gemeint
16 *Auditorium* (lat.). Hörsaal in einer Hochschule
Engelsbild. nur wenige Sätze vorher schrieb Nathanael in seinem Brief vom „engelschönen Gesicht" Olimpias – die Zerrissenheit seiner Liebesgefühle kündigt sich bereits an
. . . mühtest dich ab, Worte zu finden . . . vgl. hierzu Goethe, „Die Leiden des jungen Werther", Brief v. 10. Mai (Hamburger Leseheft Nr. 115, S. 7): „Ach könntest du das wieder ausdrücken . . ." – Wie Goethe, so beginnt auch Hoffmann seine Erzählung mit Briefen, schaltet sich dann aber (sehr viel früher als Goethe) als Erzähler ein
17 *So trieb es mich denn gar gewaltig . . .* Hoffmann geht hier die Möglichkeiten durch, eine Erzählung zu beginnen, vgl. „‚Es war einmal' – der schönste Anfang einer Erzählung, zu nüchtern!"
Klimax (griech.). Steigerung; eigentlich Femininum
medias in res (lat.). mitten in die Dinge hinein
18 *die Architekten . . ., die Maler . . .* Hoffmann setzt der Aufzählung möglicher, gültiger Erzählanfänge die Aufzählung der Künstler gegenüber. Zugleich zeigt er ironisch das messende, urteilende Schauen ohne Beteiligung des Herzens – wohingegen Nathanaels Raserei für Olimpia platte, gedankenlose Maßlosigkeit ist
Magdalenenhaar. die büßende Magdalena trocknete mit ihrem Haar Jesu Füße (vgl. Lukasevangelium Kap. 7, Vers 38). Hoffmann hatte in der Dresdener Gemäldegalerie ein Bild des röm. Barockmalers Batoni zu diesem Thema gesehen
Ruisdael, Jacob von R., um 1628–1682, niederländischer Landschaftsmaler
vorzuquinkelieren. soviel wie „leise singen"
kindisch. vgl. Anmerkung zu S. 13
Nebler, Schwebler. Hoffmann grenzt hier deutlich gegen Empfindsamkeit (und Sturm und Drang) ab, vgl. dazu den erwähnten Brief Werthers wie auch Novalis' Gedicht (s. Anmerkung zu S. 16 und 13)
heiter. soviel wie hellsichtig, klug, vgl. lat. serenus
19 *mystisch* (griech.). geheimnisvoll, dunkel
statuieren (lat.). festsetzen, bestimmen
20 *Schicksalspopanz*. vgl. Anmerkung zu S. 9
21 *Automat* (griech.). damals im Neutrum verwendet. Wie schon mit

dem Wort „Mechanismus" (S. 10) klingt hier, ungleich tragischer, das Olimpia-Motiv an

22 *Stoßrapier.* so viel wie Florett
ausfallen. in der Fechtersprache der erste Grundschritt zur Attacke
Mordgewehr. Gewehr im Sinne von „Waffe", um sich zur Wehr zu setzen
Schuld. hier so viel wie: als Schuld

23 *Feuer in dem Laboratorium.* eine Wiederholung des Motivs vom folgenreichen Tod des Vaters (vgl. S. 11)
Kompendium (lat.). Lehrbuch, wörtlich: Zusammenfassung (des Wissens)
rücksichts. präpositionsartig gebrauchter Genitiv (vgl. angesichts)
Lorgnette (franz.). Stielbrille

24 *Perspektiv* (lat.). Fernglas, wörtlich: Durchblick. Hier und auf den folgenden Seiten (vor allem bei der Gesangsdarbietung S. 26) zeigt sich die groteske Verblendung Nathanaels, der erst mittels des Fernglases den „Liebesblick" des Automaten erkennt
Revenant. (franz.). Gespenst, Wiedergänger
Zechine. alte venezianische Goldmünze

25 *Kollegium* (lat.). akademisches Kolleg, Vorlesung

26 *Bravour-Arie* (franz., ital.). glanzvolles Sologesangsstück, das die Fertigkeiten und die Technik der Sängerin zeigt
Roulade (franz.). rollender, die Melodie ausschmückender Lauf
Kadenz (ital.). Solo-Improvisation ohne Instrumentbegleitung

27 *aufzuziehen.* im wörtlichen Sinne: emporzuziehen; zugleich aber hier ein doppeldeutiges Wort!
tote Braut. gemeint ist Goethes Ballade „Die Braut von Korinth" (1797), die er ein „vampyrisches Gedicht" nannte: Das tote Mädchen erscheint dem ahnungslosen Geliebten, der ihr bald in den Tod nachfolgt

28 *blöd.* vgl. Anmerkung zu S. 10
konversieren (franz.). Konversation machen, sich unterhalten
splendid (lat.). glanzvoll, freigebig

29 *Hieroglyphe.* wörtlich: heiliges Zeichen, ursprünglich bezogen auf die Schriftzeichen der ägyptischen Priester-Beamten
Sonett (ital.). eine Gedichtform
Stanze (ital.). eine Strophenform
Kanzone (ital.). Gedichtform, Gesangsstück
durfte. vgl. Anmerkung zu S. 9

31 *Peipendreher.* in Hoffmanns Manuskript heißt es „Puppendreher"
für Olimpia erkannte. d. h. erkannte, dass es Olimpia war
Phiole (griech.). bauchiges Glasgefäß mit langem Hals

32 *einschwärzen.* schwarz, d. h. heimlich einbringen, einschmuggeln
fein. so viel wie listig
Allegorie (griech.). Sinnbild
Metapher (griech.). bildliche Wendung, Begriff mit übertragener Bedeutung
Sapienti sat. (lat.); dem Verständigen genügt es, ihm braucht man nichts mehr zu erklären

33 *Tees.* so viel wie Teegesellschaft

Das öde Haus

36 *Entartung nach dem Sündenfall.* vgl. Kleists Aufsatz „Über das Marionettentheater" (1810), worin er über den Verlust der menschlichen Harmonie und über die Möglichkeit reflektiert, wie sie wiederzuerlangen sei

viele sind berufen. vgl. Evangelium nach Matthäus 20, Vers 16

skurril (lat.). verschroben, drollig

Spalanzani. vgl. Anmerkung zu S. 15

„Ho ho", rief Franz lächelnd. hier sollte statt „Franz" vermutlich „Lelio" stehen

Somnambule. Schlafwandler

Posto fassen. festen Standpunkt gewinnen

exzentrisch (lat.). überspannt, wörtlich: außerhalb des Mittelpunkts

Gleichung. Vergleich

Kurbette (franz.). Bogensprung eines Pferdes

Passgang. Gangart, bei der Vierbeiner beide Beine einer Körperseite zugleich heben und vorsetzen; hier: abgemessene Bewegungen

37 *antipodisch* (griech.). gegensätzlich

Eberhard, Johann August E., veröffentlichte 1795 – 1802 den sechsbändigen „Versuch einer allgemeinen deutschen Synonymik"

Synonymik (griech.). Lehre von den sinnverwandten Wörtern

rücksichts. vgl. Anmerkung zu S. 23

******n.* Berlin

gemütlich. ungezwungen, gesellig, veraltet auch für wohltuend

38 *Allee* (franz.). die Prachtstraße „Unter den Linden"

***ger Tor. das Brandenburger Tor

plötzlich ein Haus ins Auge fiel . . . das beschriebene Gebäude stand zu Hoffmanns Zeit (wie auch die Konditorei) am genannten Ort

verzogen. zugezogen

39 *mystifizieren* (griech., lat.). täuschen, vorspiegeln

Graf P. der spätere Fürst von Pückler-Muskau

41 *akquirieren* (lat.). veraltet für erwerben

42 *Kadenz* (lat.). vgl. Anmerkung zu S. 26

gespenstig. veraltete Adjektivform

altmodig. vgl. vorstehende Anmerkung

Toupee (franz.). Toupet: Haarersatz

Klebelöckchen. vgl. Anmerkung zu S. 8

Haarbeutel. vgl. Anmerkung zu S. 8

Postillon d'Amour (franz.). auf der Brust zu tragende Schleife

Steinschnällchen. vgl. Anmerkung zu S. 8

Pomeranze (ital.). eine bittere Apfelsine

43 *Cours.* Umlauf, Geltung

44 *fatal* (lat.). unangenehm, verhängnisvoll

Murki. Murkys, Murkibässe wurde die um 1736 bei Leipziger Studenten aufgekommene Begleitung flotter Tanzlieder in gebrochenen Bassoktaven genannt

45 *magnetisch.* d. h. sie zieht geheimnisvolle Kräfte an

Retorte (franz.). Destillationsgefäß

prosaisch (lat.). nüchtern

Notiz. so viel wie Wahrnehmung, Kenntnis

46 *Nun gingen . . . auf.* so viel wie „Nun fingen . . . an"
Tabulett. Rückentrage, Kasten mit Fächern zum Umhängen für wandernde Händler

47 *Zufall.* „zufallen" bedeutete ursprünglich „das, was jemandem zustößt"
exaltiert (lat.). leidenschaftlich, überspannt

48 *Kastellan.* etwas gespreizt für: Hausverwalter. Ein Kastellan verwaltet ein Schloss (Kastell)
Reflex. Widerschein
mystifizieren. vgl. Anmerkung zu S. 39
Mysterien. Geheimnisse

49 *abtun.* so viel wie erledigen
Moment (lat.). Umstand

50 *Apathie* (griech.). Teilnahmslosigkeit
peinlich. so viel wie: peinigend
Reil, Johann Christian R., 1759 – 1813, ab 1810 Professor in Berlin, bedeutende Arbeiten zur Anatomie des Nervensystems, gab der Psychiatrie neue Impulse
Doktor K. Hoffmanns Freund David Koreff, 1783–1851, Arzt und Schriftsteller, 1816 als Vorkämpfer des medizinischen Magnetismus Professor in Berlin, Mitglied der „Serapionsbrüder"

52 *Magnetismus* (griech.). Form von Hypnose
fest fixiert (lat.). man beachte die Tautologie, also die doppelte Fügung
Somnambule. vgl. Anmerkung zu S. 36
Kluge, Schubert, Bartels. Verfasser von Veröffentlichungen über Mesmerismus und Magnetismus Anfang des 19. Jh.
Rapport (franz.). hier: Kontakt zwischen Hypnotiseur und Hypnotisiertem

53 *blöd.* vgl. Anmerkung zu S. 10
statuieren. vgl. Anmerkung zu S. 19
homogen. gleichartig

54 *Gesetzbuch.* das „Allgemeine Landrecht für die preußischen Staaten" von 1794, unter starker Förderung durch Friedrich den Großen in jahrzehntelanger Arbeit entstanden
Bonaparte. Napoleon besetzte Berlin 1806
Nobelgarde. die päpstliche Leibwache
der Sofa. im 18. Jahrhundert Maskulininum

55 *Meuble.* die französische Schreibweise

56 *Souterrain* (franz.). Kellerwohnung

57 *Cayenne-Pfeffer.* ein scharfes Gewürz
bizarr (franz.). ungewöhnlich, seltsam

58 *erst.* so viel wie: zuvor
unerachtet. so viel wie: obwohl

59 *Schuld.* vgl. Anmerkung zu S. 22

60 *blank.* von heller Hautfarbe (im Gegensatz zu den Zigeunern)
Phiole. vgl. Anmerkung zu S. 31

61 *rhapsodisch* (griech.). hier: unzusammenhängend

62 *Edmonde.* es muss wohl „Edwine" heißen
Rapport. vgl. Anmerkung zu S. 52